地势坤，君子以厚德载物。

知道点中国历史

汪淼——著

中国友谊出版公司

图书在版编目（CIP）数据

知道点中国历史 / 汪森著. -- 北京：中国友谊出版公司，2021.6
ISBN 978-7-5057-5164-4

Ⅰ.①知… Ⅱ.①汪… Ⅲ.①中国历史－通俗读物 Ⅳ.①K209

中国版本图书馆CIP数据核字（2021）第044039号

书名　知道点中国历史
作者　汪　森
出版　中国友谊出版公司
发行　中国友谊出版公司
经销　新华书店
印刷　河北鹏润印刷有限公司
规格　880×1230毫米　32开
　　　9.5印张　212千字
版次　2021年8月第1版
印次　2021年8月第1次印刷
书号　ISBN 978-7-5057-5164-4
定价　45.00元
地址　北京市朝阳区西坝河南里17号楼
邮编　100028
电话　（010）64678009

序

余秋雨

这套“知道点”丛书，邀我写序。我对丛书的名称有点好奇，一问，明白了他们的意思，就决定写了。

原来，这套丛书里每一本的标题，都以“知道点”开头，如《知道点中国历史》《知道点中国文化》《知道点世界文化》……落脚点都显得宏大，而着眼点却很谦虚，显出青年作者的俏皮。中外文化是万仞群峰，我们不应该畏其高峻而仓皇躲开，更不应该看了两眼就自以为已经了如指掌。我们所能做的是，恭敬地在山脚下仰视，勤快地在山道口打听，简单说来，也就是：知道点。

首先，不知道是可惜的。区区五尺之躯，不以文化群峰作为背景，只是一种无觉无明、平庸卑琐的生理存在。人凭文化与外界进行不同层次的沟通，并通过文化证明自己是谁，对此，即使文化程度不高的人也有一种荣辱感。记得有一次中央电视台举办全国直播的青年艺术人才大奖赛，比赛中有一项文史知识测试。结果出乎意料，几亿观众对这一部分的关注远远超过比赛的主体项目，全国各省观众对于自己省派出的选手在艺术技能上的落败并不在乎，却无法容忍他们居然答不出那些文史知识的试题。由此可知，直到今天，很多人还是习惯于在文化上寻求自身尊严和群体尊严的，这很不错。

但是，紧接下来的问题是，又必须提防人们对于文史知识的沉溺。沉溺，看似深入，实则是一种以文化名义制造的灭顶之灾。中国从明清之后一直有一批名人以引诱别人沉溺来谋生，很不道德。因此，必须在文化的群峰间标画一些简明的线路，在历史的大海中铺设一些浮标的缆索，使人们既领略山水之胜又不至于沉溺。这种做法用一种通俗用语来表述，就是不必知道得太多、太杂、太碎、太滥，只需“知道点”。

“知道点”，不是降低标准，而是提高标准。这就像线路的设定者一定比一般的逛山者更懂得山，缆索铺设者也一定比一般的游水者更熟识海。不仅更懂、更熟识，而且也更有人道精神，更有文化责任。

正是在这个意义上，我觉得这套“知道点”丛书是一项有价值的事业。新世纪的公民不可能全然舍弃人类以前创造的文化历史背景，却又不能让以前的创造来阻断今天的创造，因此应该有更多的山路划定者和缆索铺设者。只有这样，壮丽的历史文化才能真正成为新世纪的财产。

目录

第一辑　细数风流人物

第二辑 一览历史烟云

第三辑　典章制度

第四辑　文化典籍

第五辑　兵家必争之地

第六辑　古老的游牧民族

第七辑　历史的神秘面纱

第一辑

细数风流人物

兵家至圣——孙子

我国春秋时期，有一位著名的军事家、政治家孙武，在后世的史家和评论家口中，他被称作“百世兵家之师”。他所作的兵书《孙子兵法》不但是中国兵家的经典，也被全世界视作智慧宝库，早已被翻译成多种语言，在世界军事史上有着重要的地位，孙武也因此在国际上被誉为“东方兵学的鼻祖”。

孙武的具体出生日期不详，是公元前535年前后，他的祖父和父亲都是当时齐国的将领。在这样的家庭背景下，孙武不仅经历了战争的洗礼，而且熟读了许多军事典籍。少年时，孙武就将黄帝战胜四帝的作战过程以及伊尹、姜尚、管仲的用兵之术讲得头头是道，表现出了过人的军事天赋。

▲ 孙武画像

公元前516年，约19岁的孙武到山东蒙山求学两年，随后开始周游列国，奔赴各地战场进行军事研究。24岁时，孙武回到齐国，迎娶了齐国大族鲍家之女鲍姜为妻，正式步入仕途。按照中国传统上“将门虎子”和“门当户对”的推理，如果不出意外，孙武会顺理成章地成长为齐国新一代的将领，加上妻子家族的背景，孙武在仕途上也是前途不可限量。

然而意外总是不期而至，当时齐国有权势的几大家族内斗不休，危机四伏。齐景公即位之初，左相庆封与右相崔杼不和，权力争斗之下，庆封最终得胜。然而好景不长，齐国的田、鲍、栾、晏等大族又联合起来与庆封作对，到底打垮了庆封。后来，这几大家族之间又开始相互争斗，内乱与日俱增，最后晏婴成为胜利者，作为失败者的鲍家则损失惨重，一夜之间失了势。

当时的孙武早就对几大家族的权力斗争厌恶至极，不愿与之为伍，加上妻子的家族在权力斗争中失败，孙武决定离开齐国，既是为了避免受到牵连，也是想要换一个环境、换一种方式去展现自己的抱负和才华。

经过慎重的考虑，孙武选择了吴国，他几经辗转，来到距离吴国都城姑苏不远的边邑定居下来。当时，楚国的伍子胥在父兄被楚平王杀害后，逃到了吴国，想借助吴国的力量，替父兄报仇，也住在边邑。同为将门之后，同样作为国家内部势力斗争的受害者，同样远走他乡的经历，让两人一见如故，大有相见恨晚之感，伍子胥对孙武的军事才能和造诣也非常钦佩。

不过，在那个战争频繁、诸侯争斗异常激烈的年代，吴国的局势也动荡不安。这时候，孙武想起从齐国来吴国时曾路过一个叫罗浮山（今江苏省泰州）的地方，非常适宜隐居，便欣然前往。也正是在罗浮山这段隐居的日子里，孙武静下心来，潜心总结自己多年来在兵法上的收获，写成了兵书13篇，这就是著名的《孙子兵法》。

公元前514年，吴王阖闾即位，他立志要使吴国更加强盛，继而向长江中游发展，灭楚称雄，很快就任用伍子胥等一批贤臣，又

▲《孙子兵法》（竹简版）

注重搜求各种人才，大得民心。这时，伍子胥认为孙武是个文能安邦、武能定国的盖世奇才，多次向吴王阖闾大力推荐，最终吴王答应接见孙武。

见到吴王阖闾之后，孙武便把自己所写的13篇兵法文章拿了出来。吴王读过之后大为钦佩，想跟他探讨用兵谋略，可孙武说："用兵这件事，重在实战，最好还是操练给大王看。"于是吴王说："事先没有准备，一时之间也不便调动军队来操练呀。"孙武说："这有什么关系？倘若大王愿意，可以挑选一些宫女，我照样可以把她们操练好。"

把宫女训练成军队？吴王阖闾顿觉新奇，一口答应下来，很快就召集了180名宫女，由他的两个宠妃带队，让孙武操练。孙武任命吴王的两个宠妃分别为队长，将宫女编成两队然后分发武器，准备操练。宫女们从来没有练兵的经历，都以为是吴王想出来的娱乐新花样，个个兴高采烈。

起初宫女们觉得新鲜，列队还算整齐，练了一会儿觉得没意思，便一个个地开始嘻嘻哈哈，对孙武的命令不以为然。于是孙武大怒，瞪圆了双眼厉声喝问："执法官在哪里？"

执法官听到孙武的命令忙上前答道："属下在！"

孙武正色问道："队伍三次不听命令，队长也不加约束，按军法如何处置？"

执法官答道："按律当斩。"

于是孙武下令：“两名队长管理不力，按军法即刻行刑！”

于是两名队长被武士们捆绑起来，吴王知道以后，慌忙求情说：“我已经知道你练兵的本事了，这两个队长是我最喜欢的妃子，请你原谅她们吧。”

但孙武并不买账，说道：“军法无情，将在外，君命有所不受！”硬是把那两个妃子给斩了，然后下令击鼓继续操练。宫女们看到孙武当真军法严明，便一个个都认真起来，人人列队整齐，队伍进退自如，不一会儿就成为一支很有战斗力的军队。

吴王见孙武连自己的面子都不给，还杀了自己的两个爱妃，心里很不痛快。伍子胥便劝解吴王说：“世间美女多的是，但良将难寻，大王可不要轻易将人才失去啊。”吴王听了觉得很有道理，便拜孙武为大将军，由他率领吴国军队攻打楚国。

从那之后，孙武与伍子胥共同辅佐阖闾治军理国。公元前512年（吴王阖闾三年），吴军攻克了楚的属国钟吾国，接着打算攻楚。这时孙武认为时机未到，建议实施分师扰楚、疲楚的作战方针。阖闾采纳了这个建议，在接下来的六年中反复袭扰楚国，使楚军疲于奔命，为日后大举攻楚创造了很好的条件。

公元前506年，孙武与伍子胥率领军队从淮河逆流西上，然后在淮汭（今河南潢川西北）弃舟登陆，行军至汉水，直抵楚国腹地。如此快速的千里奔袭大大出乎楚国的意料，导致楚军处处被动。这时，楚军主帅令尹子常草率出击，单独率军渡过汉水进攻吴军，几乎被吴军全歼，楚国从此丧失了与吴国抗衡的能力，连国都郢都被吴国攻陷，几乎灭国。

此后，在孙武的主持下，吴国又制订了进一步向南征服越国的计划，而后，又制定进军中原的争霸方略，所以《史记》说，吴国

“西破强楚，入郢，北威齐、晋，显名诸侯，孙子与有力焉”。此后，孙武功成身退，悄然离去，不知所终。

孙武认为“兵者，国之大事”“知彼知己，百战不殆”，一场战争的胜败通常会受到政治、经济甚至自然等因素的共同影响。他所著的《孙子兵法》，是我国古代兵学理论成果和战争谋略的总结与升华，其内容之博大、论述之精深，堪称历代兵家之珍宝，在我国乃至世界军事历程中占据重要地位。除此之外，《孙子兵法》的谋略还被后世广泛应用于非军事领域，其中所蕴含的智慧成了全人类共有的精神财富。

“杀神”——白起

在众多历史典籍中，白起与廉颇、李牧、王翦合称“战国四大名将”，且位居首位。白起出生于秦国国力蒸蒸日上的秦武王时期，后来秦武王去世，继任者秦昭王大力推行军功爵制，不拘一格提拔人才，在这样的历史潮流中，白起登上了秦国的历史舞台。

在秦兼并各诸侯国的战争中，“白起”这个名字可谓无人不知、无人不晓，他最大的特点就是杀人如麻。在那个群雄并起的战国时代，各国的将士们在战场上最不愿意面对的将领，恐怕就是秦国的白起，因为与他为敌的人他要杀，已经投降的人他还是要杀，“杀神”这个绰号，足以令那些面对他的士兵胆战心惊。我们不妨来看一看白起征战杀伐的传奇人生。

公元前294年，“白起”这个名字第一次出现在秦国史书中时，他已经是秦昭王的左庶长了，当时白起率领秦军攻打韩国和魏国，大获全胜，歼灭韩、魏联军24万人，俘获韩国主将公孙熹。

公元前292年，白起升为大良造（最高军事长官），再次率兵攻魏，攻克61城，杀敌24万人。

公元前279年，白起奉命率兵数万攻楚。白起的兵力虽然只有楚军的1/10，但仍决定孤军深入奇袭楚国。秦军顺汉水南下，很快就攻占了邓（今湖北襄樊北），一路逼近楚的重要城市鄢（今湖北宜城东南），因为久攻不下，白起在鄢的上游筑坝蓄水，采取水攻，淹死楚国军民数十万人。

公元前273年，赵、魏攻韩，白起率兵大败赵、魏联军，斩杀联军近15万人。

公元前264年，白起率兵攻打韩国，攻势凶猛，一路攻下了韩国好几座城，杀了5万人。后来，白起率军队切断了上党郡与韩国的一切联系，使其成为孤城。因为上党城的战略地位非常重要，一旦为秦所占，等于是在赵国的心脏部位插了一把尖刀，所以上党的守将在城池不保的情形下，决定把上党这座韩、赵边境城池献给赵国，以此牵制秦国。赵国在经历了赵武灵王的改革之后，正处于兵强马壮的强盛时期，而其他几个诸侯国，基本上都已经被秦国打败，赵国是唯一还能与秦国抗衡的大国。当时的赵国国君是赵武灵王的孙子赵孝成王，他决定接手上党城的时候，可能并没有意识到，这个决定会给秦、赵两国带来一场怎样的灾难。随后，轰轰烈烈的长平之战拉开了序幕。

公元前260年，秦国派左庶长王龁带兵攻占上党郡，赵国则在长平屯兵，准备与秦国一战。当时赵国派出的大将是大名鼎鼎的廉颇。廉颇用兵稳健，结合长平一带太行山地势，步步为营，把阵地把守得滴水不漏。秦军在大将王龁的率领下，几次进攻也只攻下一两座关隘，且伤亡惨重，双方以丹河为界，陷入对峙状态。

要知道，对峙意味着持久战，这是秦、赵两国都不愿意看到的，原因很简单：双方都耗不起。秦、赵两国各陈兵几十万在长平，牵制了主力军队不说，后勤供给都是一个极大的问题，农业基础薄弱的赵国甚至已经开始高价从其他国家购买粮食以供应军中粮草需要。赵孝成王急得像热锅上的蚂蚁，连下两道命令让廉颇主动出击进攻秦军，廉颇却不为所动，一方面因为廉颇本就擅长防御战，另一方面是秦军兵力优势太大，守尚可坚持，攻就完全没有把握了。

而秦国这边，秦昭王同样不愿意看到持久战，但是廉颇依据地势把阵地把守得滴水不漏，用付出巨大伤亡的代价去强攻也不是他想要的，于是转而使用战国后期各国流行的另一个办法：反间计。秦国运用各种手段，买通赵国的贵族，让他们给赵孝成王吹风：廉颇老矣，打仗连进攻都畏畏缩缩，这样的人怎么能担任主帅呢？

赵孝成王原本就不愿意看到坚守不出的局面，很快就做出决定：换将！

但是换谁呢？当时赵国的名将，除了廉颇之外，还有乐乘、李牧、赵括。乐乘是廉颇多年的部下，作战思维与廉颇如出一辙，所以直接否决。李牧呢，论能力不在廉颇之下，但是他忙着在北方抵御匈奴人的骚扰，实在分身无暇。最终，赵孝成王把目光投向了年少成名，“言兵事，以天下莫能当”的赵括。

腹黑的秦昭王眼见自己的“反间计”成功，他不动声色，也悄悄换掉了主将，左庶长王龁退下，在咸阳休养了三年的“杀神”白起低调赴任，出现在长平。用一个纵横沙场几十年杀人无数的名将对付一个毫无实战经验的年轻人，这确实是秦国的风格。

接下来的情节相信大家都知道了：赵括领兵冒进，导致40余万大军陷入秦军包围圈，秦昭王闻讯大喜，命令秦军死死困住包围圈中的赵军，同时动用外交手段，阻止其他国家借粮给赵国。

赵孝成王这才明白：秦国这次不只是要打败赵国，而是要灭亡赵国呀！然而为时已晚，赵括率领的40余万大军被围困断粮46天，绝望之下他领兵突围，被乱箭射死。长平之战，秦军战场杀敌20余万，又坑杀20余万赵国投降军士，赵国损失惨重，从此失去与秦国抗衡的能力。

作为战国时期杀人最多的大将，我们不妨回顾一下白起的“杀人档案”：伊阙，斩首韩魏联军24万；鄢城，决水灌城淹死楚军数十万；华阳，斩首魏军13万，淹死赵军2万；陉城，斩首韩军5万；长平，杀赵军45万。以上还只是有史料可考的杀人数字，而据后世史学家考证，整个战国期间各国共战死200万人，其中有一半死于白起之手。

然而，这位为秦国一统天下、立下无数战功的猛将，却不得善终，为秦王所忌，不得不自杀而死。据说临终之前，有着“杀神”和“人屠”称号的白起也流露出悔意，认为自己有这一天是杀人过多应得的报应。可是换而言之，如果没有白起帮助强秦一统天下，各国纷争的局面继续下去，必定还会有更多的人死于战乱。所以说，白起究竟是一代名将，还是杀戮无度的“杀神”“人屠”，只能留给后人去评说了。

围魏救赵——孙膑

提到孙膑，很多人都会想起一个耳熟能详的成语——“围魏救赵”。在历史上，“围魏救赵”不仅排在古代兵法“三十六计”中的第二计，而且是真实存在的历史事件，它发生在战国时期。

公元前354年，魏国的大将庞涓率领大军进攻赵国都城邯郸。赵国眼看城门失守，赶紧向自己的盟国齐国求援。公元前353年，齐国的齐威王任命田忌为大将，孙膑为军师，发兵救赵。军师孙膑建议：避开当时魏、赵交战的邯郸，趁魏国大军出动，都城空虚，直接进攻魏国都城大梁（今河南开封）。田忌采用了这一战术，庞涓得知都城大梁告急，只好撤邯郸之围，紧急回师援救。田忌、孙膑命令齐军埋伏在庞涓回师的必经之路桂陵（今山东菏泽东北）一带，以逸待劳，将魏军打得大败，生擒魏国大将庞涓，这就是历史上著名的桂陵之战。

不过，在“围魏救赵”这个成语的背后，还有着更多不为人们所熟知的故事。

我们知道，在桂陵之战中，魏国大将庞涓一败涂地，被齐军生擒，按照古时战场上的规矩，大将被擒获后，要么归降，要么杀掉。可是庞涓不一样，他很快就被毫发无伤地放回了魏国，这又是怎么一回事呢？

原来，庞涓与孙膑曾师从同一个老师——鬼谷子，也就是说，

▲ 孙膑画像

这两个人是同门师兄弟。当初庞涓学成下山，投奔了求贤若渴的魏惠王，拜为大将，在魏国与秦国的战争中打得秦军节节败退，取得了赫赫战功，与魏国相国公叔痤一起，辅佐魏国成为当时足以与周天子平起平坐的诸侯霸主。一时飞黄腾达的庞涓曾向师弟孙膑承诺，将来一起打拼，有福共享。

后来孙膑学成下山也来到魏国，庞涓却已不是当年的师兄庞涓了。因为害怕更有才华的孙膑威胁到自己的地位，庞涓想尽办法排挤孙膑，害得孙膑获罪下狱，遭受了膑刑，被挖去膝盖，后来不得不靠装疯卖傻才保住性命。

孙膑在这样的境地中依然没有心灰意冷，他趁齐国使臣到达魏国时暗地里会见使臣。齐国使臣折服于他的才华，偷偷将他送到齐国。齐将田忌知孙膑之才，极为敬重，待为上宾。之后，孙膑以他的才华征服了齐国上下，被齐威王拜为军师，与田忌成为战场上的最佳拍档。围魏救赵的桂陵之战，只是他们显赫军事生涯中的一幕而已。

公元前341年，魏国征讨韩国，庞涓率军队直攻韩国都城新郑（今河南新郑）。韩国也向齐国求援。历史总是惊人地相似：这一次齐威王又派出了田忌和孙膑，而田忌和孙膑又一次用了13年前围魏救赵之计，庞涓则又一次中计了……

不同的是，这次的庞涓并不像上次那样不知道对手是孙膑，在仓皇之间中了埋伏，而是正面与孙膑对决，准备报当年的一箭之仇。然而二人比拼计策之下，孙膑使出疑兵之术，采用“增兵减灶”的计策迷惑魏军。结果，求胜心切、孤军深入的庞涓，于天黑时追到马陵（今山东莘县），发现一棵树干露白之处写有字迹，便让人点燃火把查看，见树干上写着几个大字——“庞涓死于此树之下”。庞涓大惊失色，紧接着周围埋伏的齐军骤然万箭齐发，此时，庞涓方知自己中了孙膑诱兵之计，败局已定，无力回天，羞愤之下自杀身亡。

马陵之战后，魏国国力一落千丈，再也没能重振霸主之风。而齐国在齐威王的治理下，社会经济、军事各方面呈现出欣欣向荣的发展势头。公元前334年，魏惠王亲自来到齐国，卑躬屈膝尊齐威王为王，这就是历史上的“徐州相王”。徐州相王之后，齐国取代魏国成了当时天下真正的霸主。

千古一帝——秦始皇

公元前247年，秦庄襄王去世，嬴政继秦王位，时年13岁，八年后，在蕲年宫举行加冕礼，正式开始执掌国政。此后，嬴政变法革新、奖励耕战、选贤任能、富国强兵，秦国的力量得到了快速发展。

从公元前230年到公元前221年，踌躇满志的秦王嬴政率领大秦军队，经过10年的征战，先后消灭了韩、赵、魏、楚、燕、齐等诸侯国，平定天下，建立起中国历史上第一个统一的中央集权国家。此后，为了进一步增强国力，嬴政颁布了一系列改革政策，这对于中国政治、经济、文化的统一和发展起到了巨大的作用。

首先，嬴政决定改一改历来的帝王称号，他认为自己功绩斐然，无人能及，“王”这个词已经不足以用来称呼自己，于是他诏令文武百官一起为自己想一个合适的称呼。命令下达以后，很多博古通今的大臣就坐在一起共同商议，究竟给秦王起一个怎样的称呼好呢？

经过商议，大臣们对秦王说：“以前五帝的时候，所统治的面积也就方圆几千里，周边的少数部落也只是暂时地服从而已。现在您令天下归一，这一伟大的功绩是前无古人的，就连三皇五帝也无法与您媲美啊。所以我们觉得您应该尊称自己为‘泰皇’，自称为‘朕’是最好的。您下达命令的时候，命令可命名为‘诏’，皇帝的印信专门用玉做成，叫作‘玉玺’，而且只有皇帝的印信才能叫作‘玺’；皇帝的妻子称‘皇后’，父亲称‘太上皇’，母亲称‘皇太后’。”秦王嬴政听完以后，思考了一下说：“我的功绩已经大过三皇五帝，因此应该采用古帝的称号，称为‘皇帝’。我是有史以来的第一个皇帝，所以应该称为‘始皇帝’，在我之后的皇帝应该被称为二世、三世，直到千秋万代。”就这样，秦始皇嬴政成了中国历史上的第一个皇帝。

确定了“始皇帝”的称号之后，嬴政开始大刀阔斧地实行改革，他首先设立了三公九卿的制度。所谓三公，指的是丞相、太尉、御史大夫。而九卿的职位则排列在三公之下，分别是奉常、郎中令、卫尉、太仆、廷尉、典客、宗正、治粟内史、少府。虽名为九卿，但是具体官员数目上却不止九个，这些官员分别掌管了国家的不同行政事务。九卿直接受到三公的领导，而三公则直接听命于皇帝。同时在地方实行郡县制，代替夏、商、周时代的分封制。为了保持国家稳定，抵御北方游牧民族的侵扰，秦始皇下令将原来六国的首都和各自修造的长城拆毁，然后统一修建抵御北面匈奴的长城，西起陇西的临洮，东到辽东，直到今天，万里长城还是中华民族引以为傲的伟大工程。

▲ 秦始皇画像

秦始皇在公元前221年下令“书同文”，以简化秦文“小篆”作为标准字体，废除了其他各种异体文字。此外，秦始皇还统一了货币和度量衡。所使用的是圆形方孔的铜钱，象征着为人外圆内方的完美品性。每个铜钱上面都铸有“半两”的字样，俗称“秦半两”。

经过这一系列的改革，秦朝在政治、经济、文字、货币等方面有了自己统一的体制，历史上第一个统一的王朝就此诞生。因此后人把秦始皇尊称为“千古第一帝”，功绩永载史册，而秦朝也是我国历史上封建王朝的开端，具有里程碑一样的重要意义。

不过，由于秦始皇实行的法律过于严苛残酷，引起了士人的不满，开始有大臣公开指责郡县制，企图说服秦始皇恢复西周时期的分封制度，这样国家才能更加安稳，天下才会太平。于是秦始皇便以此为题与大臣们展开讨论，丞相李斯觉得国家之所以会出现动荡，源于各种儒学和私学的存在，所以一定要消灭私学。他建议秦始皇把除了《秦记》以外的历史书籍统统焚毁，除秦博士官所藏的《诗》《书》，以及医药、占卜、种树的书以外，其他的书都不要保留。秦始皇采纳了李斯的建议，下令全国进行焚书。对于“焚书”这件事，百姓和士人怨愤异常，民间议论纷纷、骂声不断，秦始皇勃然大怒，派出御史抓捕了460多人，一同押到骊山的山谷中，全部活埋，被后人称为“坑儒”。

可以说“焚书坑儒”是中国文化的一次大灾难，它和当时严酷的法律一样，都是秦朝暴政的集中体现。

从另一个层面而言，秦始皇是第一个在真正意义上一统天下的人，也是皇帝称号的发明者。他在位期间，国家的发展达到了空前的速度。但同时，秦始皇实行严酷的法律，焚书坑儒，又大兴土木、劳民伤财，搞得民不聊生。其结果就是：秦始皇去世一年之后，陈胜、吴广就在大泽乡揭竿起义，贫苦百姓群起响应。秦王朝仅存15个春秋，就土崩瓦解、灰飞烟灭。

▲ 秦始皇铜车马

纵观秦始皇的一生，他的功绩不可泯灭，但同时他所犯的一些错误，也值得后世警醒。

大风起兮云飞扬——刘邦

公元前209年，为了反抗秦朝的苛政统治，我国历史上爆发了陈胜、吴广领导的农民起义。后来陈胜、吴广各自战死，另外两支新锐的抗秦力量逐渐兴起壮大，就是以刘邦和项羽为首的起义军。

刘邦曾担任秦朝的泗水亭长，起义反秦之后，在萧何、曹参等人的辅佐下，一路势如破竹，占领了沛县，被推举为沛公。秦王子婴元年（前207）十月，刘邦率10万大军抵达灞上，秦王子婴知大势已去，便带着大臣前来投降，刘邦接受了投降，引领自己的军队进了咸阳，将秦国有关国内户口、地形、法令等的图书和档案都收管起来。在他看来这才是真正的宝贝，是将来治理国家所不能缺少的。

在这之后，刘邦召集所有的百姓，对大家宣布说："我知道父老乡亲遭受秦朝苛政折磨已经很久了，我曾经与诸侯立过盟约，谁率先进入函谷关，谁就是关中的王。因此，现在我就与大家约法三章，即'杀人者死，伤人及盗抵罪'，其余的苛政律法统统予以废除，大家可以在关内安定地生活了。"

▲ 刘邦画像

听到刘邦这样说，百姓们个个兴高采烈，纷纷拿出家中的食物犒劳刘邦的军队，刘邦也因此在民间获得了很好的口碑。百姓们都希望刘邦能够在关中做王，但刘邦却整日忧心忡忡，担心项羽比自己势力大，万一来攻打自己，又该怎么办呢?

果然，不久之后，项羽率40万大军赶来，驻扎于鸿门，后来就发生了著名的历史典故“鸿门宴”。随后，被封为汉王的刘邦，在张良、萧何、韩信等人的辅佐下，和项羽展开了长达四年的战争，史称“楚汉之争”。汉高祖五年（前202），刘邦击败项羽登上帝位，后定都长安，国号汉，史称前汉、西汉。

刘邦称帝之后，坚持治国兴邦、以人为本的原则。在他看来，自己运筹帷幄的本领比不上张良，治国的能力比不上萧何，带兵又不如韩信，却能任用他们，所以能够取得天下。不懂得知人善任的项羽，也因此失去了天下。

可以说，刘邦把胜败得失归于用人的想法是非常正确的，他在《大风歌》中曾这样写道：“威加海内兮归故乡，安得猛士兮守四方。”这两句诗可谓真实反映了他的政治抱负和治国理念。在称帝之后，刘邦实施了一系列安定社会、休养生息的政策，同时对匈奴实行和亲政策，把汉室公主嫁给单于，从而保证了边境的安宁。这些都为汉朝后来的强盛奠定了基础。

公元前195年，刘邦死于长乐宫，葬于长陵，庙号为太祖，谥号高皇帝，又称汉高祖。

胯下之辱——韩信

说到韩信，“胯下之辱”的典故可谓人人皆知。虽然这个故事有着不同的细节版本，但大致都是说韩信受了一个市井无赖的侮辱，被迫从对方胯下钻了过去。对于此事，《史记》中的记载是：韩信年少时，一群泼皮无赖在街上欺负他，其中有一个屠夫对韩信说：“虽然你体格健壮，喜欢带刀佩剑，但其实你胆子小得很，我现在打赌你不敢用佩剑刺我，你要是敢，所有后果我自己承担，你要是不敢，就从我的裤裆下钻过去。”韩信想了想，俯身从那个屠夫的裤裆下钻了过去。当时集市上的人都讥笑韩信，认为他既胆小又懦弱。

对于这件事，无论是韩信本人还是史书里，都没有做过解释，不过史书里却记录了另外一件事情：韩信功成名就，被封为大将军之后，又回到当初那个集市，找到了当年的那个屠夫。可想而知，这个屠夫当时一定是万念俱灰，以为这回自己必然是要大祸临头了。然而韩信却并不是回来杀他的。相反，韩信让这个屠夫在自己手下做了一名护卫，并且告诉他：没有当日的胯下之辱，便没有我的今天，所以我应当感谢你才对。

▲ 韩信画像

其实，以韩信当年的能力，刺死这个屠夫想必也并非难事，但是正值年少血气方刚的韩信，在这般侮辱之下，居然还能保持理智，并且做出甘愿受辱的举动，这让我们看到的，并不是韩信的胆怯，而是他令人恐惧的野心。《史记》的作者司马迁特意把这件事记录下来，想必也正是这个原因。

秦始皇驾崩后，各地纷纷爆发农民起义。陈胜、吴广在大泽乡起兵反抗暴秦的统治，顿时一呼百应，刘邦、项梁项羽叔侄等纷纷起兵，后来韩信投奔项羽，多次进言献计，可惜项羽刚愎自用，暗地里非常瞧不起韩信。韩信心知肚明，转而投奔刘邦。但当时刘邦并没有意识到韩信的才华，没有重用他，心灰意冷的韩信一度不辞而别。而刘邦的重臣萧何却深知韩信的能力，他听说之后，来不及把此事报告汉王，就径自去追赶。萧何用了一夜的时间才劝服韩信，并对他许下了承诺，将他带回营地。这段萧何月下追韩信的故事，从此被人们记住，成为英雄惜英雄的传世佳话。

把韩信追回来之后，萧何还不忘叮嘱刘邦："大王一向傲慢无礼，今天任命一位大将时态度轻慢，没有丝毫重视的意思，大王如果诚心拜他做大将，就该郑重地挑选一个日子，搭起一座高坛，自己事先斋戒，并且严格按照任命大将的仪式办理，那才行啊！"于是，刘邦听从了萧何的建议，斋戒沐浴，举行了隆重的欢迎仪式，正式任命韩信为大将军。

此后的韩信如鱼得水，发挥出了自己卓越的军事才能。第二年十月，在垓下迫使项羽自刎，帮助刘邦终成霸业。可以说，刘邦与项羽争霸天下，其中决定性的人物是韩信。

在刘邦打天下的过程中，韩信始终是冲在第一线的，一直到垓下全歼楚军，无一败绩，可谓战功累累；作为军事理论家，他与张良整理兵书，并著有兵法三篇。刘邦对他给予了最高的评价："战必胜，攻必取，吾不如韩信。"

这样的表扬对于任何一个武将来说，都是难以抗拒的，当时的韩信或许并没有意识到这句话背后所隐藏的危机。作为将帅，为了实现自己的野心和梦想，他从项羽麾下转投刘邦，甚至做好了刘邦不重用自己就继续寻找明主的准备，他所做的一切都是为了自己最终的名誉，他也确实实现了梦想，不仅成了一代名将，而且被后人奉为"兵仙""战神"。"王侯将相"韩信一人全任，可谓此生无憾。

然而，正应了那句古话："狡兔死，良狗烹；高鸟尽，良弓藏；敌国破，谋臣亡。"楚汉战争结束后，韩信被封为楚王，被解除兵权，没过多久又莫名其妙地被人告发谋反。汉高祖六年（前201），刘邦采纳陈平的建议，把韩信调到洛阳，降为淮阴侯。

公元前197年，陈豨自立为王。刘邦就亲率大军前去征讨举兵谋反的阳夏侯陈豨。当时的韩信推托自己有病在身，就没有一同前往。实际上，此时的韩信对刘邦已经彻底绝望，认为自己早晚要死在刘邦之手，与其坐以待毙，还不如主动出击。于是韩信准备在某一天的深夜，假传圣旨，释放囚牢里的所有奴隶和犯人，杀掉吕后和皇太子刘盈，共取天下。

然而，这个计划不慎被吕后知道了，她和萧何秘密商议，由萧何出面，设计骗韩信入宫。因萧何是韩信仕途的引领者，韩信自然对他未加防范，便跟着萧何来到长乐殿拜见吕后。这时候事先隐藏的刀斧手将韩信绑了起来，乱刀斩杀，一代名将就此殒命。而吕后并未就此收手，下令将韩信三族诛杀，数千无辜血染长安，成为历史惨案。

汉司马迁说："（韩信）于汉家勋，可以比周、召、太公之徒。"

宋司马光曰："汉之所以得天下者，大抵皆信之功也。"清人王鸣盛则更加肯定地说："汉得天下，皆韩信功。"刘邦一开始与项羽作战，屡战屡败，但是他幸运地得到了韩信的辅佐，最终也就得到了天下。

可当大汉已立，高祖当家，从"打江山"变为"坐江山"的时候，靠武力征服天下的高祖就开始考虑下一步棋的布局了：卧榻之侧，岂容他人鼾睡？在刘邦的心里，韩信最让自己放心不下。因为，韩信文韬武略，无人能及；手下雄兵猛将，战无不胜。更重要的是，在关键时刻韩信总爱居功自傲、讨价还价，不但具有抗衡的实力，还有抗衡的智慧，这才是他招致杀身之祸的最大隐患。

雄才大略破匈奴——刘彻

公元前141年，太子刘彻登基，即汉武帝，为西汉的第七个皇帝。汉武帝刘彻可以说是一位具有雄才大略的帝王，他继承“文景之治”，经过60多年的统治，原本就处于文景盛世的西汉发展到鼎盛时期。后人常将汉武帝与秦皇、唐宗、宋祖相提并论，频繁出现在各种各样的史书和文艺作品中。

据史书记载，汉武帝年轻时是一个典型的“问题少年”，经常带着手下和结交的朋友远游嬉闹，以打猎的名义肆意践踏庄稼，当地百姓苦不堪言。但顽皮嬉闹只是少年天性，随着年龄的增长，汉武帝的远见卓识渐渐展现出来。

在当时，董仲舒特别推崇孔子，认为他的德治、仁政，重视伦理教育的儒家思想应当得到广泛的提倡，而想要推行这种思想，就不能再分心于别的学术思想，思想与思想之间是不可以齐头并进的。董仲舒的这个“罢黜百家，独尊儒术”的建议，不仅得到了汉武帝的支持，还得到了地方官员的充分肯定和推行，使之成为我国封建社会的一大正统思想。

公元前128年，汉武帝为了更好地加强中央集权，削弱诸侯势力，采纳了大夫主父偃的建议，正式颁布了“推恩令”。所谓推恩令，就是把诸侯王除嫡长子继承以外的其余诸子，在原有的诸侯封地上封侯，新封侯国不受王国管辖，直接由各地的郡管理。于是，诸侯国出现了“藩国始分，而子弟毕侯矣”的局面，导致“大国不过十余城、小侯不过数十里”。

同时，为了限制各诸侯王网罗人才，汉武帝还规定，但凡仕从于诸侯的，绝对不可以再仕从于朝廷，从而有效抑制了诸侯与官吏结党营私、串通一气的可能，保证了诸侯王因为分封而存在的独立性。

当然，汉武帝最令后人称道的功绩乃是抗击匈奴。西汉王朝从建立的那一天起，就面临着来自北方匈奴民族的侵袭。虽然西汉王朝的军事实力也很强，但迫于皇朝初建、百废待兴，自高祖刘邦至文景之治，对待匈奴人都是以和亲为主。

直到汉武帝即位，在经过多年的励精图治之后，汉朝已经有了充足的国力，具备了向匈奴人开战的资本。建元六年（前135），大臣桑弘羊看到匈奴屡屡来犯，他对汉武帝说：“春秋战国的时候，诸侯国之间从来没有一个盟约是坚固的，只有用武力解决，才能使边境的老百姓得到安宁。”汉武帝非常欣赏桑弘羊的建议，更加坚定了抗击匈奴的决心。

除此之外，朝廷中以王恢等人为主，极力主张痛击匈奴。汉武帝也想打击匈奴人，就同意了主战派的提议——发兵攻打匈奴人。此时，汉朝拥有卫青、霍去病、李广、公孙敖等声名显赫的名将，大破匈奴兵，直追到狼居胥山（今蒙古国境内）。从此之后，匈奴再也无力来犯。

不过，经过数十年南征北战，大汉建国70余年来所积财富消耗一空。为解决财政问题，汉武帝先是在全国实行盐、铁、酒的专卖，继而又扩大对商人的征税范围。这一系列的政策虽然增强了国力，但过重的征税和连年征战，终于引起百姓的激烈反抗。

到了晚年，汉武帝也认识到了自己的许多错误，他颁下《轮台罪己诏》，说“方今之务，在于力农”，遂封田千秋为富民侯，任赵过为搜粟都尉，推广“代田法”轮耕增产，让百姓休养生息。这些政策，总算稍稍挽回了局面，奠定了汉室中兴的基础。

总而言之，后代史家对于汉武帝的评价众说纷纭，呈现两个极端。汉武帝对于汉朝乃至中国历史的影响是好还是坏，后人自有评说。

“飞将军”——李广

唐朝诗人王昌龄曾写下一首脍炙人口的诗作《出塞》：“秦时明月汉时关，万里长征人未还。但使龙城飞将在，不教胡马度阴山。”表达了诗人对于边疆官兵抗击匈奴的感受。诗中所提到的“龙城飞将”，就是汉武帝时期大名鼎鼎的“飞将军”李广。

汉武帝时期，匈奴经常侵犯汉朝疆域，在汉朝抗击匈奴的长期战斗中，有一位非常英勇善战，有着一流作战智慧的三朝老将军为巩固汉朝江山立下了汗马功劳，他就是王昌龄笔下的“龙城飞将”。

话说这李广打起匈奴来，骑马射箭犹如天上轻盈的飞鸟，所射目标百发百中，匈奴人一听到他的名字个个闻风丧胆。李广做右北平太守的时候，附近的匈奴人纷纷逃向了别处。可右北平虽然没有了匈奴人，却因为猛兽太多而经常有人受伤。有一天，李广晚归途中忽然发现山脚下的草丛里蹲着一只斑斓猛虎，于是急忙拿起弓箭，照着猛虎射去。射中以后，随从连忙上前捕捉老虎。可走近一瞧，原来不过是一块外观很像老虎的石头，而箭早已经射入石头，因为进去很深，所以根本就拔不出来。

▲ 李广画像

李广箭法精准、行动迅速、忽来

▲ 李广墓

忽去、用兵如神，因此而被对手匈奴称为“飞将军”。他的战术策略对后世兵家有着非常积极的参考价值。

不过，李广虽然战功赫赫，但一直到死的时候，也没有得到封侯的机会。因此后人写诗来表达对李广境遇的惋惜之情，“冯唐易老，李广难封”这样的句子更是时常被人提起。这一切只能用“运气不佳”来解释了：李广年轻时汉文帝推行休养生息的政策，不愿与匈奴为敌；等到汉武帝大动干戈时，李广又已过了作为武将的巅峰时期，这正是“卫青不败由天幸，李广无功缘数奇”。

后人对于李广的遭遇都扼腕不已。不过，李广虽然终身没有被封侯，但纵观历史长河，千百年来留名青史者屈指可数，李广虽然生前遭遇令人惋惜，但身后却得到“龙城飞将”的千秋美名，为后人所传颂，这也算是历史对他的一种补偿吧。

汉代名将——卫青

汉朝除了“飞将军”李广以外，最著名的大将非卫青莫属。卫青是平阳人，原本出身卑贱，其母在平阳公主家做女仆。卫青长大后，平阳公主看他相貌堂堂，非常喜欢，就让他做了自己的骑奴。公元前139年春，卫青的姐姐卫子夫在选秀时被汉武帝选中，卫青也因此被召到建章宫当差，这件事情成了卫青一生中的转折点。

卫子夫入宫后很快就有了身孕，这引起了陈皇后的嫉妒，她准备暗中杀掉卫子夫的弟弟卫青来出气，就把卫青抓了起来。卫青当骑奴时结识的好友公孙敖得知之后，马上派自己的手下把卫青救了回来。汉武帝得知此事，对陈皇后十分恼怒，立刻任命卫青为建章宫监、侍中。公元前129年，匈奴又一次兴兵南下，一直打到上谷（今河北怀来）一带，汉武帝任命卫青为车骑将军。这一次，汉武帝共派出四路兵马，其他三路都吃了败仗，只有卫青一路旗开得胜，带着700多名匈奴士兵俘虏胜利回到了长安。在他报告经过以后，汉武帝大喜，当即封赏卫青为关内侯。

公元前127年，卫青指挥大军打败了匈奴，控制了整个河套地区。接着汉武帝又派卫青带着3万兵马从雁门出发前去攻打匈奴。结果卫青再次凯旋，射杀匈奴上千人，立下了头等功。

公元前124年，卫青率领军队大败匈奴，俘虏了15000多个匈奴士兵，还有十几个匈奴小王。汉武帝大喜，拜卫青为大将军，所有将领都归他指挥，还加封了土地和户口，他的三个还在襁褓之中的孩子也都被加官晋爵了。卫青说："打退敌人全靠皇上的福气和将士们的功劳，所以就不用封赏我的子女了，还是多多封赏将士们吧！"

卫青这种大公无私的"觉悟"不仅赢得了汉武帝的赞赏，在当时的民间也为卫家赢得了好口碑。当时京城中有歌谣说："生男无喜，生女无怨，独不见卫子夫霸天下。"要知道在两汉时期，左右朝政的外戚大多是靠裙带关系谋到的官职，而卫青、霍去病却是拿性命换来的战功，在战场上出生入死、浴血奋战，为国家做出了重大贡献。正因为如此，即使后来卫皇后失宠，也没有影响到二人在朝廷的地位。

公元前119年，1万多匈奴骑兵从东边打了进来，杀死了1000多名无辜百姓，只为抢走一些粮食和财物。汉武帝见匈奴如此嚣张，便派遣大将军卫青和骠骑大将军霍去病各自带着精兵5万去追击匈奴。此次北伐，可谓阵容强大，汉军出征不仅带了10万骑兵，还有几十万步兵和14万匹驮粮草的马，而卫青和霍去病的主要任务就是一定要将匈奴打得大败。

卫青率领北路军一路疾行，一碰到匈奴骑兵，就与他们展开激战。卫青作战勇猛，打得匈奴骑兵连连败退，他则紧追不舍，率领将士三天三夜急行军200多里，将溃逃的匈奴军队歼灭殆尽，这才撤退回到漠南。这次出征，卫青屡次出击，一次深入匈奴地界1000多里，一次深入匈奴地界近2000里，以至于匈奴人一听到卫青的名字个个都闻风丧胆，而百姓也对卫青赞不绝口，将他的美名奔走相传："卫将军真乃盖世英雄也。"

中国历史上有句话叫作"伴君如伴虎"，卫青非常明白这句话的道理。他北伐匈奴，立下赫赫战功，却为人低调，善于明哲保身，待人接物可谓滴水不漏。当时，平阳公主寡居在家，要在列侯中选择丈夫，许多大臣都进言说大将军卫青最合适。汉武帝知道后笑着说道："当初我娶了他的姐姐，现在他又娶我的姐姐，这倒是很有意思。"于是当即成就了这桩婚事，当年的仆人做了主人的丈夫，也是相当具有戏剧性的一幕。从那之后，卫青与汉武帝可以说是"亲上加亲"，更受宠信。不过，卫青为人谦让仁和，即便是有着如此的关系，平日里也从不以势压人。

公元前106年，大司马大将军卫青去世，作为汉代最耀眼的一颗将星，卫青的一生是戎马征战的一生，也是低调谦逊的一生，他在军事上的才华在整个汉朝历史中熠熠生辉。

马踏匈奴——霍去病

酒泉，是中国一个非常著名的地方。关于这个地名，历史上有这样一段传奇佳话：汉朝与匈奴多年征战无休，汉武帝手下的大将霍去病年轻有为，率领将士在抗击匈奴的战役中屡建奇功，深受汉武帝赏识。在河西战役期间，汉武帝特地赏赐霍去病一坛美酒，霍去病没有独自享用，而是将酒倒入泉水中，让全军将士饮用。后来，此泉就被称为酒泉，当地也因此得名酒泉。

说到霍去病，用"大名鼎鼎"来形容他毫不为过。汉武帝对匈奴用兵，大获全胜，几无败绩的大将不过两人而已，一为卫青，一为霍去病。霍去病自18岁开始征战疆场，22岁时就已经打出了自己的军威，将匈奴打得心惊胆战，再也不敢轻易进犯。唐代大诗人李白曾经在《胡无人》一诗中写道："严风吹霜海草凋，筋干精坚胡马骄。汉家战士三十万，将军兼领霍嫖姚。"他对于霍去病的称赞与景仰跃然纸上。

霍去病是名将卫青的外甥，他出生时卫青还没有成为大将军，而私生子的身份也注定了霍去病童年生活的卑微和不幸。霍去病虽自幼生活在奴婢之中，孤苦无依，但他自幼聪慧，身体强健，又非常勤奋，整日随舅父卫青习武，骑射、击刺技艺超群，为未来的戎马生涯打下了坚实基础。

公元前123年春，霍去病刚刚18岁。匈奴再次来犯，汉武帝决

▲ 霍去病雕塑

定出兵抗击匈奴，当时卫青已经是大将军，霍去病跟随卫青征战多年，他胸有成竹地向汉武帝请战，表达了想要带兵讨伐匈奴的愿望。汉武帝答应了他的请求，任命他为“剽姚校尉”，率领800名骁勇善战的骑兵深入匈奴腹地。

这一战是霍去病首次独自带兵打仗，茫茫草原，人迹全无，毫无草原征战经验之人很容易迷失方向。但是霍去病跟随卫青打仗作战的经验，让他对匈奴人的行踪胸有成竹。他率领骑兵日夜兼程行军几百里，将近黄昏时，终于发现了匈奴人的营地。霍去病深谙“奇兵突袭”的用兵之道，顾不得长途劳累和夜幕将至，当即命令马衔枚、蹄裹棉，借着暮色掩护，静悄悄地以迅雷不及掩耳之势杀了过去。可怜那些匈奴兵根本没想到汉军会这么远地杀来，顿时一片混乱，不计其数的匈奴人在混乱中莫名其妙就丢了性命，溃不成军。

这一战霍去病虽然只率领800名士兵，敌我力量悬殊，但他毫不畏惧，身先士卒，首先杀入匈奴营帐。在他的带领之下，800骁骑个个神勇无比，将匈奴兵杀得四散逃窜。这次战役，霍去病功居第一，汉武帝对他赞不绝口，说：“剽姚校尉霍去病，以800骁骑斩杀匈奴兵2028人，并杀死匈奴单于祖父辈的籍若侯产及相国、当户等将官多人，生擒单于的叔父罗姑比，出奇制胜，勇冠全军，以1600户封霍去病为冠军侯。”

公元前121年春天，已经升任为骠骑将军的霍去病率领精骑1万

▲ 霍去病墓

人，从陇西出发，攻打匈奴。战事进行得非常顺利，汉军所至，势如破竹，霍去病一路长驱直入，转战六日，奔袭千里，活捉了匈奴浑邪王的儿子及相国、都尉等，歼敌8900多人。这一仗打得酣畅淋漓，汉军大获全胜。汉武帝当即下令增封霍去病食邑2000户。

同年夏天，汉武帝发动第二次河西战役，以霍去病、公孙敖率领的几万骑兵为主力，另派李广、张骞率1万多人夹击匈奴左贤王。霍去病与公孙敖出塞后，分兵前进，公孙敖率领的军队由于途中迷失方向，未能参加战斗。霍去病孤军深入，一路越过居延海（今内蒙古额济纳旗北），一直抵达祁连山一带。匈奴人被霍去病神出鬼没的战术搞得晕头转向，被打了个措手不及，接连败北。这次战役，霍去病俘虏了王母、单于阏氏、王子，俘虏相国、将军、当户、都尉等120多人，歼灭匈奴兵3万余人，此外还接受匈奴单桓王、酋涂王及相国、都尉等2500人投降，可谓战果累累。

在此之后，霍去病的声望日渐显赫，地位日渐尊贵，几乎与卫青平齐。然而天妒英才，公元前117年，霍去病不幸英年早逝，年仅24岁。汉武帝非常悲痛，追谥他为景桓侯。

光武中兴——刘秀

东汉光武帝刘秀在历史上是一位具有传奇色彩的皇帝。作为西汉远得不能再远的宗亲，他没有任何资历和地位，可以说是白手起家，只用了短短的十几年就统一了天下，不能不说是一个奇迹。

在史学家眼里，历史上那些知人善任的皇帝当中，光武帝刘秀绝对是排在前几位的。而在刘秀打江山的过程中，大名鼎鼎的“云台二十八将”可以说是帮助刘秀一统天下、重兴汉室江山功劳最大、能力最强的。

那么，这“云台二十八将”究竟是怎样的人物呢？后世人们曾把这些将领与神话传说的天庭二十八星宿名称相对应，把他们称作“云台二十八宿”，我们不妨从这些演义意味浓厚的名字上来略作了解吧，他们分别是：

> 角木蛟邓禹，斗木獬朱祜，井木犴铫期，奎木狼马武，尾火虎岑彭，室火猪耿纯，翼火蛇邳彤，觜火猴傅俊，亢金龙吴汉，娄金狗刘隆，鬼金羊王霸，牛金牛祭遵，参水猿杜茂，轸水蚓刘植，壁水貐臧宫，箕水豹冯异，氐土貉贾复，女土蝠景丹，柳土獐任光，胃土雉马成，房日兔耿弇，昴日鸡王梁，虚日鼠盖延，星日马李忠，危月燕坚镡，心月狐寇恂，张月鹿万脩，毕月乌陈俊。

▲ 刘秀画像

很显然，单从名字上来看，这28员猛将都是骁勇善战之人，事实上也确实如此。刘秀能够把这28个英雄豪杰笼络麾下，并且做到知人善任、各尽其才，充分展露出他善于用人的才能，也从侧面反映出他独特的领袖魅力。

到了刘秀的儿子东汉明帝永平年间，皇帝特意派人为28员功勋卓著的大将画像，并摆放在南宫云台之上，史称“云台二十八将”。范晔则在《后汉书》中为28人一一立传，并认为他们“咸能感会风云，奋其智勇，称为佐命，亦各志能之士也”。

不得不提到的一件事就是：历代开国，名将功臣不在少数，但能得善终者少之又少，其中“兔死狗烹”的道理想必大家也清楚，有太多开国功臣因功高震主而惨遭灭门之祸。但是到了光武帝刘秀这里，这些开国功臣则完全不用担心这个，因为刘秀一向以宽厚明智、厚待功臣而为人们所称道。

这倒不全是因为刘秀宽容大度，而是他有着高明的管理手段，用现代词来形容就是：情商极高。在开国之后对于功臣的赏赐上，刘秀往往是赐予功臣厚禄高爵，但不让他们参与治国大事。这些功臣如果有新的功劳，奖励主要以封赏为主，不再加升官爵；如果这些功臣犯了错误，刘秀往往也会宽容处理。平日里遇到有国外使臣进贡奇珍异果，必定会先送这些功臣一份，剩下的再用来赏赐朝堂百官。在几千年的中国古代历史上，很少有开国功臣能够善终，这“云台二十八将”可以说是绝无仅有的。

刘秀不仅自己厚待功臣，还把这一传统传给了子孙。刘秀死后，汉明帝以及各代皇帝对28位功臣及其后代均照顾有加，仅仅是这28位功臣的后人之中，就封侯29人，位列三公2人，封大将军13人，列卿14人，校尉2人，州牧、郡守48人，诸如此等，不一而足。作为28将之首的邓禹，更是世代受到封赏，整个家族的子孙后代都享用不尽。

很显然，光武帝刘秀及以后各朝皇帝宠信28将及其他功臣，尽可能保持他们在政治、经济上的优越地位，甚至对已经除国废爵的功臣之后也格外开恩，恢复爵禄，不失为一种高明的笼络人心之手段，而且在东汉立国之后对于国家的治理起到了非常大的作用。至于这些重赏厚封的功臣后人到后来成为地方豪强，导致了东汉分崩离析、地方割据，那就不是光武帝刘秀所能预料到的了。

以史为鉴知兴替——李世民

公元617年，隋朝因为大兴土木，增加赋税，搞得民不聊生，百姓纷纷起义，因继承祖上爵位被大家尊称为“唐国公”的李渊被派去镇压农民起义。眼看农民起义的浪潮越来越高涨，此时的李渊想，隋朝灭亡是大势所趋，是该给自己想想后路了。

这时，李渊的二儿子李世民开始劝说父亲也起兵反隋，趁势成就自己的一番事业。他认为隋朝当前内忧外患，要想彻底镇压已经没什么希望，镇压失败也是死，起兵反隋倒是成功的希望要更大一些。李渊权衡再三，最终同意了李世民的建议，于公元617年在晋阳起兵，反抗隋朝的残暴统治。

▲ 李世民画像

随后，李世民在李渊推翻隋朝的过程中南征北战，立下了汗马功劳。而李渊称帝之后，李世民又在大唐统一疆土的过程中东奔西闯，功不可没，高祖李渊封他为天策将军，其地位高过了诸位王公将相。看到天下已定，李世民便在自己的府第开了一个馆，招揽天下贤士，为他们提供食宿，对他们以礼相待，一有空就与他们一起畅聊治国思想。

然而，按照当时封建社会的皇权更替规则，李世民身为次子，不能继承皇位。而太子李建成心中清楚李世民的能力和野心，十分担忧自己无法顺利继承皇位。于是以李世民为一方，以李建成、李元吉为另一方，展开了争夺皇位继承权的斗争。公元626年六月初四，李世民发动玄武门之变，亲手射杀李建成、李元吉，而后逼李渊禅位，于第二年改元贞观，是为唐太宗。

虽然唐太宗李世民登基的过程在之后的千百年间广受诟病，但在当时，不得不承认唐太宗的统率能力。除此之外，李世民更难能可贵的是他的胸襟和气度，身为统治者，很少有人能够做到他这样开明大度。唐太宗继位之后，深知“水能载舟，亦能覆舟”的道理，担心唐朝会像隋朝那样覆舟。他认真总结隋朝失败的原因，认为“赋繁役重，官吏贪求，饥寒切身”是压垮隋朝的重要原因所在。所以，他有针对性地采取了与隋朝相反的做法——“去奢省费，轻徭薄赋，选用廉吏，使民衣食有余”。这样一来，百姓生活得到了安定，社会也稳定了，大唐的统治也安稳了许多。

除此之外，唐太宗始终认为“致安之本，唯在得人”，再三强调治理国家不可能只靠一人之力，应当“广任贤良”。所以，他要求下臣推荐人才，自己也留心观察，不断发现和提拔人才，力求做到“任人唯贤”。他说“吾为官择人，唯才是与。苟或不才，虽亲不用”，“如其有才，虽仇不弃”。正因如此，他所任用的，大多为有识之士。在这样的思想指导下，唐太宗不仅能够在自己的旧部下和新选拔的人才之中挑选治国能臣，而且还能够在自己不喜欢的人甚至是宿敌之中选拔人才，这样的心胸和肚量难能可贵，尤其是任用一代名臣魏徵，更是给后世留下了一段君臣佳话。

魏徵，字玄成，是如今的河北省邢台市人，出身贫寒，自幼父母双亡，在亲戚接济照顾下长大。虽然生活条件很差，但魏徵非常喜爱读书，且头脑聪慧，读书时过目不忘，而且能够融会贯通。据《旧唐书·魏徵传》记载：魏徵“好读书，多所通涉，见天下渐乱，尤属意纵横之说”。

隋朝时，已表现出过人才华的魏徵就做过李密的文学参军。到了隋朝末年，武阳郡丞元宝藏赏识魏徵，任命他为书记。后来隋朝灭亡，元宝藏归降了李密，魏徵又被李密任命为元帅府的文学参军，专门负责整理文书卷宗。唐高祖武德元年（618），李密失败后，魏徵随其入关降唐。再后来，魏徵的才华被太子李建成看中，召为僚属。在当时，魏徵看到太子与秦王李世民的冲突日渐加深，多次为李建成献出除掉李世民的计策，劝太子李建成及早动手先发制人，可惜都没有被李建成采纳。

武德九年（626）六月，玄武门事变，李世民除掉李建成后，魏徵自然也落到了李世民的手中，李世民曾痛骂魏徵：“你为何离间我兄弟情感？”魏徵则从容答道：“如果太子早听我的话，哪会遭今日之祸？”

李世民一看，此人有勇有谋、有胆有识，是个人才，不但没有治他的罪，还让他担任谏官，虚心向他询问政事得失。魏徵被李世民的胸怀所折服，在谏官职位上恪尽职守、知无不言、言无不尽。史书中记载道：“为之敛容，厚加礼异，擢拜谏议大夫。数引之卧内，访以政术。”从这里可以看出，唐太宗李世民真的是一位贤德之君，不仅有魄力，还有度量。而魏徵到了李世民手下，可谓良臣遇伯乐，从此开始了自己传奇的名臣人生。

直到今日，我们一提到唐太宗和魏徵，想起的便是唐太宗对于魏徵的千古名言：“夫以铜为镜，可以正衣冠；以史为镜，可以知兴替；以人为镜，可以明得失。”回顾历史，唐太宗李世民与魏徵这对“圣君良臣”，可谓君臣和谐，两人互敬互爱，一个从谏如流、一个刚正不阿，使得君成了圣君、臣成了良臣。两人之间那份千古难遇的君臣之情，千百年来始终为人们所赞美，也为后世君臣所效仿。

兼听纳谏、知人善任是唐太宗在治理国家上取得成功的两个重要因素，也是他一生成就的关键所在。可以说，唐太宗之所以能成为封建帝王的楷模，与此两点息息相关。也正是这样的气度和胸怀，使得唐太宗在治理国家上如鱼得水，他定下“偃武修文，中国既安，四夷自服”的方针，大大提高了唐朝中央政权的威望。唐太宗时期政治较清明，经济得到恢复发展，社会安定，无论是国内还是与外邦的关系，都达到了空前的高度，被赞誉为“贞观之治”。作为唐朝的开国者之一，唐太宗的成就不仅展现在为后人称道的“贞观之治”上，也影响了其后的历代唐朝皇帝，使得唐朝中前期成为中国历史上政治最开明的时期，并且开创了以唐诗为代表的中国文化光辉灿烂的篇章。

风尘侠士——李药师

唐末时期，有个著名的道士兼传奇小说家杜光庭写了一部小说名叫《虬髯客传》，小说中李靖与红拂女张出尘、大侠虬髯客合称“风尘三侠”。其实，红拂女、虬髯客作为“野史”和小说中的人物，是完全虚构出来的，而李靖作为真实存在的人物，也以“李药师”的名号流传天下，在小说中被塑造成一个仙风道骨、来去无踪的江湖豪侠形象。这其实也从侧面反映出了李靖在当时的知名度和影响力，作为唐朝的开国元勋，李靖不仅文武双全、古今少有，而且做到了“善始善终”，摆脱了“开国元勋不得善终”的历史怪圈，堪称中国历史上少有的风流人物之一。

李靖的原名叫李药师，他的舅舅是隋朝灭陈名将韩擒虎。从后魏到隋朝，李家一直都是非常显赫的家族。李靖作为官宦世家的贵族子弟，并没有走上纨绔堕落的道路，而是喜欢钻研兵书，常与其舅韩擒虎讨论用兵之道，受到韩擒虎与宰相杨素的赏识。后来，李靖通过科举考试进入仕途，当上了地方官。当时，隋炀帝已经因为倒行逆施而使民怨四起，许多地方都出现了揭竿起义的情况，朝廷四处镇压依旧收效甚微，甚至到了摇摇欲坠的地步，然而李靖依然恪尽职守，努力挽救当时的隋朝。

李靖担任马邑郡丞时，发现自己的顶头上司李渊有谋反之心，恰巧当时隋炀帝正在江都巡游，他有心揭发，却没有办法脱身，只好装扮成囚犯，混在一群将要被押解去江都的囚犯当中。结果中途事情败露，走到半途的李靖被李渊捉回，按律当斩。刑场之上，眼看刽子手的大刀就要落下，悲愤交加的李靖仰天长啸，冲着监斩的李渊大叫道："成大事之人起兵是为天下除暴安民，你现在不想着招揽天下人才，却以私家恩怨而杀义士，还能成什么大事？"

李渊听了这句话，很是欣赏李靖的骨气和胸襟，想想这人倒也是个人才，自己又正处于用人之际，与其杀了他，还不如留为己用，所以就赦免了李靖，安排他到儿子李世民的幕府中当差。李世民也非常欣赏李靖的才华，对他相当重用。李靖也没有让他们失望，随着李家父子一路南征北战，立下了不少战功，加官晋爵自是不在话下。李渊称帝建立唐朝后，论功行赏，封李靖为兵部尚书。

不过，打江山与坐江山终究是有区别的，坐上帝位后的李渊终究心里还没完全信任李靖，毕竟李靖曾是前朝的官员，可是也没什么合适的借口除掉他。后来，萧铣在南方建立的梁国日渐强大，李渊对此事始终如鲠在喉，就派李靖带兵前往讨伐。要知道，当时萧铣的梁国号称有10万大军，可李渊呢，只给了李靖区区800将士，明摆着是让他去送死。可是这个李靖竟然自带"主角光环"，在讨伐途中"偶遇"了一起少数民族叛乱，顺便平了叛乱，竟然又收编了5000士兵，这一下打出了军威、打出了士气，连李渊也服气了，当场拍板升任李靖为灭梁总帅李孝恭的长史。

有了参与决策的权力，李靖如鱼得水，先是出其不意，趁着长江水位猛涨，绕道四川，顺流而下一路冲进梁国所在的湖北，把梁国都城围得跟铁桶一般。城内的萧铣根本没想到唐军会在此时进攻，事先没有调动军队做任何准备，一时间手足无措，上下大乱，甚至到了无兵可用的地步。加上李靖又派人到处散布谣言说梁国都城已经被唐军攻破，梁国地方上的军队军心动摇，纷纷投降，萧铣无奈之下只好向唐军投降。随后，李靖势如破竹，又接连消灭了辅公祏所建的宋国，并收复了岭南各地，为李渊解决了长江流域广大地区的心腹之患。

后来，唐太宗李世民继位时，突厥成为最大的边害，多次犯乱，甚至威胁到都城长安的安危，李世民痛定思痛，终于下定决心消灭突厥，根绝边患。公元629年年底，李世民派李靖为总指挥，率李勣等五员大将领精兵10万，分六路向东突厥进发。

因为这次讨伐准备得非常充分，所以唐军节节胜利，一直打到了突厥国的首都——定襄。公元630年正月，李靖率少量精兵强将偷袭定襄。在此次行动之前，李靖事先派遣间谍暗中渗透到都城周围的小部落中，对各个小部落进行恐吓和收买。当时城内被困已久，许多小部落已经开始闹饥荒，因此收买工作进行得异常顺利。胸有成竹的李靖又派遣间谍进入定襄城内游说，突厥国国王颉利派亲信康苏密同唐军接触，表达了愿意归附的意思。

当然，城内的国王颉利也派出了间谍去打探唐军的消息，但是他手下的间谍明显不如唐朝间谍有能力，打探了半天，连对方来了多少人都不知道。其实李靖此行只带了3000人，但是突厥国却完全不知情。他们以为唐朝人一定是把所有军队都带过来了，要不然怎么敢攻打自己的都城呢？所以尽管手握重兵，颉利还是选择了撤退，李靖趁机大造声势紧追不舍，颉利可汗仓皇逃走，途中被唐将活捉。这一战，突厥军队死伤万人，自此元气大伤，突厥各部土崩瓦解，纷纷投降，再也无法和唐朝作对。

李渊得知李靖进攻突厥旗开得胜的消息后，非常高兴，他对身旁人说：“这次终于报了当年汉高祖被匈奴围于白登之仇，我大唐有了李靖，当真是万民之福！”在当时，突厥对于中原地区的威胁是非常大的。要知道，当年李渊起兵时，为了得到外援不得不忍辱负重向突厥称臣，后来即使做了皇帝，也一直生活在突厥的威胁之下，如今这个大敌竟然就这样被李靖解决掉了，李渊、李世民父子的欣喜可想而知。为了庆贺，李世民下旨大赦天下，然后召集满朝文武，亲自设宴庆祝，席间李渊亲自弹奏琵琶，李世民则兴致大发，起身跳舞，大家彻夜狂欢，一醉方休。

公元635年，西北吐谷浑犯境，李靖率军跋涉千里大败吐谷浑，吐谷浑可汗在逃跑途中被部下所杀，身死国灭，吐谷浑的国土尽归大唐。李靖一生战功赫赫，为唐帝国开疆拓土立下了汗马功劳，公元637年，李世民封李靖为卫国公。公元647年，李靖请缨讨伐高句丽，李世民认为其年事已高，婉言谢绝。公元649年，李靖去世，李世民以厚葬待之，一代名将得以善终。

作为唐代最著名的将领之一，李靖在军事理论方面也有着相当大的成就，著有《卫公兵法》《唐太宗李卫公问对》等兵家著作，其中后者在宋朝被选入官方的《武经七书》，成为兵学经典，对军事学发展做出了不可磨灭的贡献。除此之外，民间也对李靖的身世有无数的神话和传奇，“李药师”的侠义名号也在民间广为流传。

夕阳红处是长安——李隆基

在中国的历代帝王之中，唐玄宗是一位功过都很突出的历史人物。他在继位之初，重视地方官的选拔，大量任用有才干、能负责的官员，还提拔了敢进谏的姚崇、宋璟做宰相，因此社会发展空前繁荣，唐朝进入全盛时期，史称“开元盛世”。而唐玄宗到了晚年，因为宠爱杨贵妃，整日饮酒作乐，不理朝政，还重用奸诈的李林甫、杨国忠，以致酿成“安史之乱”，关中、中原地区甚至衰败到“千里无人烟”的地步，最终使唐朝由盛转衰，再也没有挽救的余地。

唐玄宗李隆基是唐睿宗李旦的第三个儿子，从小就多才多艺，不但擅长骑射，而且精通音律。他在位期间非常注重选贤任能、提拔人才，国家在他的治理下蓬勃发展，百姓们安居乐业，整个唐朝重新恢复了盛世景象。宰相姚崇上任以后，曾经向唐玄宗建议：一定要遵循“国亲不任宰相，宠臣犯法与庶民同罪”的原则，做到以仁治国，停息扩边的战争。此外，姚崇还主张减免百姓的赋税，停止大兴土木，鼓励大臣效仿太宗时期的魏徵，直言进谏。这些建议都被唐玄宗一一采纳，因为他治国开明，虚

▲ 李隆基画像

▲ 李隆基《石台孝经》

心听取别人的意见，所以得到了张九龄、张说等一大批贤臣的辅佐。

唐玄宗不仅听取了大臣的意见，自己也是以身作则，在勤俭节约方面做出了表率。当时唐朝被一股奢侈之风笼罩，唐玄宗便下令将皇帝的华服和金银器玩全部销毁，重新利用，制造出一些有用的器物来，交给国家使用。将那些珠玉锦绣在宫殿前销毁，并规定后妃以下不允许穿锦绣珠玉。在唐玄宗不遗余力的倡导下，节俭成了当时唐朝的新风尚。

在皇权的维护方面，唐玄宗也是不遗余力。他加强吏治，革新政治，裁减官员的数量。针对武则天之后官员数量繁多的弊端，唐玄宗下令免去诸如员外官、试官、检校官等多达数千名的官员，有效精简了政府机构，节约了国库开支。除此之外，玄宗还对官员实行了严格的考核，在开元四年（716）组织的县令考核中，不合格的有45人，统统被他罢免回家了。

唐玄宗即位后的一系列改革，有效地促成了国家政治清明、百姓安定、国力强盛的稳定局面，唐朝就此进入又一个全盛时期。史料显示，公元732年唐朝人口有700多万户、4000多万人，到了公元740年，人口就增加到了800多万户、4800多万人，仅长安城内的人口就已经上百万。此时的唐朝不仅人口众多，而且在商业和对外贸易方面也进入鼎盛时期，唐朝人与世界各国的商人做生意，很多其他国家的学子、使节、僧侣也经常来这里求学、办事、传教，整个国家呈现出一派文化交融、思想交汇、经济繁荣的盛世景象，这就是历史上著名的“开元盛世”。

不过，到了开元末年，随着年龄的增长，唐玄宗的想法渐渐发生变化。在政治上，他以为国富民强，四夷来朝，天下再无可忧之事，便终日深居宫中纵情声色、不问政事，朝堂上的一切政务就这样落在了李林甫的手里，为之后出现的时局动荡埋下了祸根。李林甫也是历史上有名的奸相。

除此之外，唐玄宗不仅毫无节制地宠幸杨贵妃，甚至对于杨贵妃的亲戚宗族都一并放纵，导致杨贵妃的堂兄杨国忠把持朝政的局面。唐玄宗重用李林甫、杨国忠、安禄山这样的奸佞之臣，最终酿成了“安史之乱”。

此后事情一发不可收拾，安禄山率领叛军越战越勇，如狼似虎，长安失陷在即。唐玄宗一行在御林军的护驾下，出了延秋门，逃离长安。行至马嵬驿准备休息时，将士们终于因饥饿困顿而军心浮动，于是在太子李亨、官员李辅国和将军陈玄礼的带领下，纷纷倒戈。很快，杨国忠被怒气冲冲的士兵们乱刀砍死，杨国忠的儿子和诸位夫人也没能幸免，命丧当场。然而哗变的将士们并未满意，最终要挟唐玄宗处死了杨贵妃。

“马嵬之变”后，唐玄宗虽然以牺牲杨玉环的代价换回了军心、平定了叛乱，但太子李亨在灵州自行登基，是为唐肃宗，尊唐玄宗为太上皇。唐玄宗回到长安后便被唐肃宗软禁于太极宫，于公元762年病死，享年78岁。唐朝盛世一去不复返，自此进入了不可挽回的衰落时期。

宋代诗人张舜民在《卖花声·题岳阳楼》中曾写道：“回首夕阳红尽处，应是长安。”原本是表达自己被贬谪后怀念故乡长安的心情，但回顾唐玄宗李隆基的一生，似乎这句词用在他的身上更为贴切。李隆基少年时就表现出过人的才能，可谓有胆有谋，关键时刻果断诛杀韦后，拥戴其父相王李旦继位，也因此被立为皇太子。唐玄宗在位前期，朝廷上下政治清明、社会经济发展、人民富裕，堪称唐朝最昌盛之时，被誉为“开元盛世”。然而到了晚年，唐玄宗宠幸杨玉环，不理朝政，导致国力下降。“开元盛世”的繁荣一朝失却，转眼间洛阳、长安均被叛军攻陷，唐玄宗率领群臣逃离长安时，也一定是回望夕阳，唏嘘不已。

回顾唐玄宗的一生，高力士的谄媚、杨国忠的野心和安禄山的叛变以及唐玄宗自己的昏庸，导致了这场令唐朝从强盛到衰落的大戏。当然，唐朝的衰落是一种必然，“开元盛世”的繁荣意味着商品经济的发达和贫富差距的扩大，土地向少数人手中集中，而大批贫民则失去土地，流离失所。

总而言之，造成“安史之乱”，此为李隆基之过也。虽然大家都说功过参半，但回望唐玄宗的治国生涯，他所造就的盛唐文化无比灿烂，已长留在中国乃至世界人民的记忆深处，“长安”这个名字也因此有了别样的历史意义。

“忠武”——郭子仪

在中国的封建社会中，自古以来文臣荣誉最高的谥号是“文正”，武将荣誉最高的谥号是“忠武”，可以说“忠武”是武将一生追求的最高谥号，也是对武将最大的褒奖。而在唐朝的近300年间，得到这个武将最高荣誉的人只有两个，就是尉迟恭和郭子仪。

尉迟恭作为“凌烟阁二十四功臣”之一，一生三救李世民，“忠武”二字可以说理所应当，而另一位郭子仪，则有着更加传奇的人生经历。郭子仪是中国历史上唯一建功立业的武状元，一生经历了武则天、唐中宗、唐睿宗、唐玄宗、唐肃宗、唐代宗、唐德宗七朝，屹立不倒。作为中兴悍将，“忠武”这个名号郭子仪受之无愧。

▲ 郭子仪画像

武则天当政时期，为了清除异己，对军队进行了大清洗，全部换上了亲信。然而武则天的这些亲信良莠不齐、能力有限，导致大唐帝国对外战争屡战屡败，军队战斗力严重下降。在这样的情况下，武则天在科举制度的基础上，又增加了武举考试，用以选拔人才、充实军队、稳定边防。郭子仪正是在武举考试中崭露头角，夺得头筹，从而开始了自己的戎马生涯。

郭子仪成为武状元之后，在单于都护府担任左卫长史一职，后来经过多年的征战磨砺，立下了不少的战功，被提拔为天德军使兼九原太守。公元754年任天德军（今属内蒙古）使，兼九原（今内蒙古包头北）太守、朔方（今陕西北部）节度兵马使。公元755年十一月，安禄山在范阳（今河北涿州）起兵造反，唐玄宗任命郭子仪为卫尉卿，兼灵武军（今宁夏灵武南）太守，充朔方节度使，诏命率本部军马东讨安史叛军，很快收复了云中、马邑（今山西朔州）、东陉（今山西代县）等10余郡，郭子仪也因功加封御史大夫。

公元756年六月，叛军攻破哥舒翰所镇守的潼关，消息传到京城，大臣们乱成一团，护着唐玄宗逃往四川。七月，唐肃宗于灵武即位，当时因局势所限，京城中甚至没有多少将士，只有临时抽调兵力组成守军，士气也非常低落，很难指挥起来。而此刻盘踞两京（长安、洛阳）的叛军，却是气势逼人、声势浩大，唐肃宗情急之下，急诏郭子仪、李光弼率兵勤王，郭子仪的朔方军西进灵武，大大提升了当时唐朝军队的士气。从此，郭子仪率领的朔方军成了唐朝恢复两京的中坚力量。

至德二年（757）三月，郭子仪率领将士一鼓作气攻克蒲州，收复永丰，将安史叛军彻底赶出了潼关陕西境内。十月，郭子仪又于陕州（今河南三门峡）之西大败安庆绪之军，护卫广平郡王李豫（后为代宗皇帝）入洛阳，当时洛阳的许多人民夹道欢呼王师归来，给民心士气以极大的鼓舞。随后唐肃宗加封子仪为司徒，封代国公。据史书记载，唐肃宗曾亲口对郭子仪说："虽吾之家国，实由卿再造。"

公元765年，河北的副帅仆固怀恩觉得自己的功劳很大却没有得到重视，便联合回纥、吐蕃一起反唐。十月初，这支叛军就攻打到了长安北面的泾阳，整个朝野一片震惊，有人劝说唐代宗赶紧逃跑，但有人却坚持要他留下，就这样争论不休，才将抵抗的事情提上日程。这时候大家一致认为，想平定战乱，眼下只能靠一个人，那就是大将郭子仪。

此时的郭子仪已经年逾古稀，被朝廷派去镇守泾阳。因为考虑到泾阳兵少，所以他命令部下严加防守，不要擅自出战。后来郭子仪得到消息，仆固怀恩在进军的路上染上重病，已经死了。而此时的回纥与吐蕃也是离心离德，都想在战争中取得头功，所以谁也不理谁，两军也是分营驻扎，回纥兵驻扎在城西。

得到了这个好消息，郭子仪便派人到回纥的军营说服回纥与自己一起联合抗击吐蕃。可回纥将领却说："当时仆固怀恩告诉我们要坚守，代宗已经死了，郭公也已经病死，倘若这一切都是假的，就请郭公与我们见上一面。"郭子仪接到对方的请求后说："目前回纥的力量强盛，我们兵力实在是太少了，绝对不能以武力取胜，不如我去跟他们谈一谈，说不定还可以不战而和。"

就这样郭子仪不顾个人安危，翻身上马，来到了回纥大营。进了门，郭子仪取下头盔，脱掉战袍，扔掉手里的长枪，一个人朝着回纥军前走去。回纥的老将领们是认识郭子仪的，纷纷跳下马向老人家礼拜，郭子仪也跳下马，与回纥将领药葛罗握手言欢。

双方一番寒暄后，郭子仪便开门见山地说："你们回纥帮助我们大唐平定了安史之乱，而我们大唐也待你们不薄，为什么单单听了仆固怀恩的话，就抛弃了以前那么丰硕的功业，一定要与我大唐结下冤仇呢？仆固怀恩不过是个小人，背叛了大唐，置自己的母亲于不顾，这种行为要在你们回纥也是不能容忍的吧？今天你们要见我，我就来了，要杀要剐随你们，但是我的部下一定是要与你们死战到底的。”

药葛罗连忙说这是一场误会，自己是受了仆固怀恩的欺骗，才稀里糊涂有了当下的举动。眼下皇帝就在长安，郭公也安然无恙，回纥怎能与大唐兵戎相见呢?

郭子仪觉得时机成熟，便趁热打铁要求回纥与自己联合一起去攻打吐蕃，并承诺将缴获的所有牛羊、珠宝，都归回纥所有。药葛罗听了很开心，便对郭子仪说:“我们是被仆固怀恩给骗来的，这件事我们确实对不起大唐，辜负了老令公。现在我们一定为攻打吐蕃贡献一份力，唯一的要求是，仆固怀恩的儿子是我们回纥可汗的小舅子，看在我回纥与大唐同仇敌忾的分儿上，不要伤害他。”随后，双方点酒盟誓，彼此建立了盟约。而吐蕃听到唐军与回纥联盟的消息，大为震动，当天晚上就撤兵逃跑了。

郭子仪可谓一生都在战场上度过，他一辈子功勋卓著，被史书称赞“再造王室，勋高一代”“以身为天下安危者二十年”，等等。在平定“安史之乱”的战争中，郭子仪也立下了赫赫战功。他先是指挥或参与指挥了攻克河北诸郡之战、收复两京之战、邺城之战等重大作战，一路势不可当;“安史之乱”后，他又接连解决了吐蕃和回纥等地，最终平定河东。郭子仪精于谋略，用兵持重，以身许国，临危不惧，在唐玄宗、唐肃宗、唐代宗、唐德宗四朝，对大唐的延续起到了至关重要的作用。此外，作为平定“安史之乱”的名将之一，郭子仪无论是在战争中积累的经验，还是他的军事理论水平，都达到了空前的高度。他的兵法和战绩不仅体现了他的军事才华，也体现了他“不战而屈人之兵”的高妙之处。

在盛唐，致力于报国的人相当多，在他们看来，选择从军与考取功名是殊途同归的。郭子仪是天生的将帅之才，他不但厥功至伟，还善于从政治角度观察、思考、处理问题,《太平广记》中评价郭子仪“权倾天下而朝不忌,功盖一代而主不疑,侈穷人欲而君子不之罪。富贵寿考,繁衍安泰,终始人伦之盛无缺焉”。要知道,在过去那个年代,一个人要想权倾天下而满朝不忌恨,功盖群臣而君主不猜疑,几乎是不可能的。而郭子仪资兼文武,忠智俱备,故能在当时纷乱的战场上立不世之功,在险恶的官场上得功成身退。

公元779年,唐德宗继位,当时的郭子仪年事已高,皇帝尊其为尚父,加封太尉兼中书令,每年的俸禄是1500石的粮食、200匹马的草料,食邑达到2000户。据记载,郭子仪的八子七婿都是朝廷显贵,各房孙子加在一起多达几十个,有的甚至连他自己也不认识,只好点头示意。

郭子仪在85岁那一年,病得很厉害,皇帝派人前去看望时,郭子仪已不能活动,只能点头谢恩,不久就去世了。皇帝为此悲痛不已,停止上朝五天,命令群臣前往郭府吊唁;又宣布由国库开支,厚葬郭子仪。郭子仪的墓葬还被安排在唐肃宗陵墓旁边,下葬之时,皇帝与文武百官一同痛哭流涕,赐谥号“忠武”。

可以说郭子仪富贵一生、荣华一世,作为一个臣子,他已经做到了极致。

黄袍加身开太平——赵匡胤

后周显德七年（960）正月，朝廷正在举行周恭帝的朝见大典。这时边关突然送来急报，说北汉和辽朝已经达成联盟，马上就要联合起来出兵入侵后周边境。这个消息顿时令朝野上下陷入了混乱。

眼看边关形势危急，在朝中大臣范质、王溥的建议下，周恭帝派遣殿前都检点将军赵匡胤带兵奔赴边关。赵匡胤接到命令后迅速调集兵马，率兵从汴京出发，当天晚上，军队抵达距离京城20里的陈桥驿。因为出发仓促，一路急行军，士兵们人困马乏，个个昏昏欲睡，赵匡胤于是命令将士们就地扎营休息。

这天夜里，一些将领聚集在一起私下商量国家大事。有人说："现在的皇上年龄太小了，咱们拼死拼活，将来他也未必会记得咱们的功劳，我倒看赵将军在宫中独当一面，所有的大事都由他做主，而且一直也待咱们不薄，不如咱们拥护赵将军做皇帝吧！"这话很快便传到了军营，一传十，十传百，将士们全都起来了，大家闹哄哄地议论纷纷，都觉得说得有道理，于是纷纷来到赵匡胤的住处，等在门外。

▲ 赵匡胤画像

赵匡胤前晚刚喝了一顿酒，睡得正

香，迷迷糊糊中只听得外面一片嘈杂之声。接着有人打开了房门，一众部下大声嚷着“恭请将军做皇帝！”不由分说将准备好的黄袍穿在了赵匡胤的身上，随后就跪倒在地对着赵匡胤高呼“万岁”。

此后将士们簇拥着赵匡胤，掉转马头返回京城，朝中大臣范质、王溥见到黄袍加身的赵匡胤，吓得赶快下拜。如此一来，赵匡胤也就当上了名副其实的皇帝，国号为宋，将都城定在了东京（今开封）。历史上称这个时期为北宋，赵匡胤就是后来赫赫有名的宋太祖。

当然，有关这一段历史，也有史学家分析这其实就是赵匡胤自导自演的一场戏，甚至连边关告急的战报都是他安排军队谎报的，目的就是获得军权，好为自己当皇帝做准备。在唐末五代之时，以兵变、政变夺取政权当上皇帝，就如家常便饭一般，因此这个说法也有很高的可信度。

宋太祖赵匡胤建立宋朝以后，所有的开国功臣都被封了大官。除此之外，他还在各地设置了节度使的官职。因为当时节度使手中都掌握着兵权，没过多久，就有两个节度使先后起兵造反，宋太祖亲自率兵出征，才最终将一切平息了下来。这给了赵匡胤一个很大的触动，他决定使用一些办法，让宋朝的江山真正地稳固下来。

毕竟，赵匡胤发动兵变登上帝位，虽然大权在握，但内心却是十分恐惧的。他恐惧的不是别人，正是自己的手下，如果哪一天手下们故技重演，再次推举别人做皇帝，那成为刀下鬼的可能就是他了。一日，宋太祖召见大臣赵普，他刚刚坐稳，宋太祖就说：“赵爱卿啊，自从唐朝末年到现在，皇帝可以说换了一个又一个，战争连年不断，百姓们深受其害，这到底怎么办才好呢？倘若我想让宋朝长治久安，到底应该如何治理国家呢？”赵普其实早就想过这个问题，他对赵匡胤说：“陛下，唐末战争爆发的一个主要原因是藩镇权力实在太大，结果一点点把皇帝的权力架空了。如今很多大臣手里都把握着重兵，倘若想要治理好自己的国家，就一定要先从那些手握重兵的大臣手里把兵权拿回来，有效地削弱他们的势力，收取他们的兵马，这样国家才能安定啊！”宋太祖听后点点头，知道自己该怎样做了。

公元961年，宋太祖大摆筵席，邀请石守信等手握兵权的大臣前来赴宴，大家坐在一张酒桌上，一起欢快畅饮，气氛无比亲近和谐。就在此时，宋太祖趁着酒兴，长叹一口气说：“宋朝能有今天，我是不会忘记大家的，可如今我做了天子，心里却时常难过，每天都过着夜不能寐的生活，觉得自己还不如做个节度使快乐啊。”石守信等大臣听完后，奇怪地问道：“陛下，您这又是何必呢？”

宋太祖看了一眼大家，便假装担忧道：“我之所以睡不着，是因为现在自己身处在这样一个尴尬的位置，龙椅这个位置，很多人都想坐啊！”石守信等人听完后，心里很是害怕，纷纷跪在地上说：“陛下啊，您怎么会有这种想法呢？现在天下安定，百姓安居乐业，谁还会造反呢？”宋太祖早就知道大臣们会这么说，于是摇摇头说道：“你们虽然没有造反的心，但是只要你们部下但凡有那么一点贪图富贵的想法，就是一种隐患啊！我有时候就想啊，一旦他们也来这么一出黄袍加身的戏码，你们即便不想造反，还由得了自己吗？”

众位大臣听了宋太祖的话，心里顿时明白起来，纷纷跪下来磕头，哭泣着对宋太祖说：“陛下啊，臣下们实在是愚蠢，从来没有想到这一点。既然陛下您这么说，就为我等指明一条活路吧。”宋太祖借着大臣的话说：“其实你们现在已经功成名就了，不如把手里的兵权都交给我吧，然后轻松地回到家乡，买上几亩好田地，过神仙般无忧无虑的生活多好啊！我一定会给你们大量的赏赐，这样咱们兄弟之间就永远不会互相猜忌，而我坐在这个位置上也就安心了。”

众位大臣顿时醒悟，第二天便一起辞了官，各自带着丰厚的财物回了家，这就是历史上著名的典故“杯酒释兵权”。

威震三关——杨家将

宋太祖死后，他的弟弟赵光义继承了皇位，也就是宋太宗。公元979年，宋太宗秉持着统一的大愿，率领大军攻打北汉，一时之间北汉深陷困境，被宋军围了个水泄不通，最终只好老实投降。北汉投降了以后，有一个很有名气的老将也归顺了赵光义，他就是历史上的名将杨业。

杨业自幼擅长骑射，武艺高强，尤其喜欢打猎，每次打猎都是满载而归。他曾对同伴说："我将来带兵打仗，也会如同猎鹰追逐野兔一般。"后来，这位声名赫赫的一代名将，果然如自己所说的那样，弱冠之年便展现出非凡的军事才能，受到北汉皇帝的信任，任侍卫新军都虞候，入事太原的北汉政权。当时，宋太祖赵匡胤已经通过"陈桥兵变"夺取后周政权，建立大宋王朝，全国统一大局已定。杨业斟酌局势，向北汉皇帝刘继元提出了"奉国归宋"的建议，结果遭到皇帝和大臣们的一致反对。虽然如此，杨业也并没有变心投宋，而是依然忠心耿耿地保卫北汉政权。

后来，北汉在与宋朝的战争中战败，眼看大势已去，杨业却仍在城南与宋军苦战。宋太宗知道杨业是一员不可多得的勇将，便派北汉亡国皇帝刘继元的亲信前去劝降。见到刘继元派来的劝降使者，杨业悲愤地大哭，终于投降了宋朝。宋太宗非常高兴，格外器重他，认为他"老于边事，洞晓边情"，于是任命他为左领军卫大将军，与河东三交口都部署潘美共同负责防守北方地区，担负起了山西防御契丹的重任。

公元980年，北方的辽国出动了10万大军，侵犯宋朝的雁门关。杨业得到消息以后，冷静地分析了局势，想出了一个出奇制胜的方法。他带领一队骑兵，从小路包抄到了雁门关的背面，随后在敌后发起了进攻。辽军根本就没有思想准备，更不知道宋军有多少人马，一个个吓得四散奔逃。杨业就这样以很少的兵力，打了一场漂亮的阻击战。宋太宗得知消息后很开心，立刻提升了杨业的官职，从此杨业“杨无敌”的名声也跟着不胫而走。

杨业受到封赏以后，很多朝中大臣就有了嫉妒之心，唯恐杨业抢占了他们的地位，便想尽一切方法排挤他。其中，防守边关的大将潘美的嫉妒心最强，他偷偷地上书给赵光义，说了很多杨业的坏话。因为赵光义非常信任杨业，所以并没有理会，甚至还把那些说坏话的大臣的奏章直接拿给杨业看。

公元986年，辽军以10万之众大举入侵北宋，宋兵分东、西两路迎击敌人。东路由名将曹彬统率；西路由忠武军节度使潘美率领，杨业担任副将；又派遣西上阁门使、蔚州刺史王侁，军器库使、顺州团练使刘文裕为护军，在朔州一带与辽军展开对峙。

当时，杨业作为潘美的副将随同前往。宋朝的进攻不是很顺利，迫于压力，潘美只好率领宋军撤到了代州。此时宋太宗下了旨意，要将北方的百姓全部送回到内地，让潘美、杨业的部队途中护送。为了有效地保证百姓的安全，杨业经过深思熟虑后提出建议：“敌军眼下很强大，我们不适合与之正面交锋，可以假装攻打，诱敌深入，然后利用敌军防守的机会，将百姓护送到内地。”

杨业出的是一个绝顶好的主意，可是潘美旗下的监军却怎么都不肯同意。他嘲笑杨业说："我们旗下少说也有几万精兵，没必要这么胆小怕事，只要直接从雁门关过去就好了，没有什么好害怕担心的，将军不是一向号称'杨无敌'吗？怎么现在竟然胆小到不敢应战？难不成心里有了什么不该有的想法？"杨业生性刚烈，听完后愤愤地说："我并不是怕死，我是不想让手里的士兵白白送死，既然你这么说，那我领兵去应战就是了。"杨业说完，便率领着人马攻向了雁门关。

当时辽军兵力强大，不宜采用硬攻，但护军王侁邀功心切，主张强取。他命令副帅杨业出兵迎敌，杨业认为不妥，并积极建言：让朝廷下令集中三个州的老百姓协同作战，将敌人诱入石碣谷，两边埋伏弓箭手，可确保万无一失。

尽管杨业多次向王侁提出建议，但是他毫不领情，说："你率领数万精兵却如此胆怯。你素来号称'天下无敌'，可如今却看着敌人骚扰而不敢迎战，这不是灭我们的威风、长敌人的志气吗？"

在如此挑衅下，杨业只得屈从，决定出兵迎敌。但他知道此番出征必将凶多吉少，临行前流着泪对潘美等人说："此行一定不会顺利。我作为一名太原降将，当初按理说应当被斩首，可承蒙圣上厚爱并委以重任，且授予兵权。我不是纵容敌人，而是等待机会，一旦战机成熟，我定会建功立业、报效朝廷，以报答知遇之恩。可如今却怀疑我故意躲避敌人，那我只好先行一步了。"

正是因为知道此番战役凶多吉少，杨业与王侁、潘美约定，请他们在陈家谷口安置伏兵接应。王侁等按照约定在陈家谷口设了伏兵，但一直到中午也没见到杨业，以为他乘胜追击了。于是，他便派人登高瞭望，查看军情，并判断出契丹已经败走。

这个时候，王侁心头一转："怎能把功劳让杨业一人获得？"于是立即领兵离开谷口。潘美无法制止，就随其向西南方向行进20里。可不久，探子来报，说杨业被辽军打败，王侁便带兵撤离。

而杨业与辽军鏖战，自上午战到天黑，所属人马已伤亡大半，原以为有人接应，谁知到了陈家谷口却空无一人，不由得悲从心起，便再次率领部下苦战。后来杨业身上被刺伤十几处，士兵也全部阵亡，杨业依然手刃上百敌人。但最终因力气耗尽而被俘，其子杨延玉也壮烈殉国。

杨业的七个儿子都非常有出息，史书上记载，杨业的儿子除杨延玉外，还有延朗、延浦、延训、延环、延贵和延彬。其中杨延朗后来改名杨延昭，被升为大将，人们称他为“杨六郎”，他镇守边关20多年，屡败契丹军队，继承和发扬了杨家“忠心报国”的优良家风。杨延昭的儿子杨文广后来也做了大将军，一直镇守边境。在宋仁宗时期，杨文广先后在河北、陕西边境做过镇守将军，有力地抵御了西夏国对中原地区的骚扰。

杨家三代为宋朝的军事做出了杰出的贡献，堪称当时的“一门忠勇”，被后世广为传颂，千古留名。直到今天，杨家将的事迹依然不断在传说、书籍、戏曲舞台和影视剧中大放异彩。

精忠报国——岳飞

岳飞，字鹏举，公元1103年出生于北宋相州汤阴县永和乡孝悌里（今河南安阳汤阴）。岳飞年少时家中贫困，没有油灯照明，他就白天耕田割草，晚上用柴火照明念书习字，少年岳飞尤喜读《左氏春秋》《孙吴兵法》。20岁的时候，岳飞应征入伍，屡建奇功。看到当时入侵的金军野蛮骄横，残忍对待人民，以致于宋朝的百姓长期深陷在战争的恐惧和折磨当中，岳飞痛下决心一定要将金军赶出宋朝。

北宋靖康元年（1126）冬，岳飞在相州城投军，成为刘浩军中的一名下级军官。同年十二月，康王赵构根据宋钦宗的蜡书，在相州设立河北兵马大元帅府，筹备武装力量，旨在为被金兵包围的宋朝首都东京解围。赵构很快就筹建了一支以他为大元帅，陈亨伯为元帅，汪伯彦、宗泽为副元帅的军事力量。元帅府下编前、后、中、左、右五军，其中前军统制为刘浩，岳飞隶属刘浩前军，与他一起参加了东京保卫战，将金兵击退，解了东京之围。

不过，岳飞一个人还是难以抵御大金的军队。靖康二年（1127）四月，已经江河日下的北宋终于扛不住威猛的大金的疯狂进攻，北宋亡国，连徽宗赵佶、钦宗赵桓及皇家宗室成员也做了大金的俘虏，并被押往北方扣作人质。这就是历史上著名的“靖康之难”。

五月，康王赵构自封为帝，即宋高宗，于南京（今河南商丘）继位，史称南宋。至此，宋朝的抗金形势进入了一个极其微妙的阶段。

徽钦二帝被金人所困，宋朝自上而下视为奇耻大辱，乃齐心合力，共抗外敌。

岳飞带领的岳家军是一支纪律严明、训练有素的军队，从来不骚扰百姓，倘若有人胆敢触犯军规，就会被岳飞就地正法。打仗的时候，岳家军作战勇猛，所向披靡，但凡遇到了金军，绝对不心慈手软，总是把金军打得抱头逃窜，溃不成军。宋高宗看到岳飞如此英勇善战，对岳飞非常赏识，便亲笔写下了“精忠岳飞”四个大字，做成一面锦绣的大旗，赏赐给了岳飞。除此之外，还封岳飞为清远节度使，又加封武昌郡开国侯，甚至默许岳飞与刘光世、韩世忠、张俊等重臣平起平坐，享受宋朝的最高待遇。

公元1140年，金国的太子完颜兀术举兵侵犯南宋。危急时刻，宋高宗唯一想到的最佳人选就是岳飞。岳飞接到命令后，立即带着岳家军发兵北上，抗击金兵。不久以后，岳飞的军队就收复了北方的许多失地，让入侵的金军连续吃了好几次败仗。岳家军的阵势威武，势不可当，杀得金军四散而逃，太子完颜兀术看到岳飞如此英勇，便想集中兵力灭掉岳家军，于是他集合了金国的龙虎大王、盖天大王和韩常的兵力，一起逼近了岳家军。

▲ 岳飞画像

岳飞接到消息以后，就派遣儿子岳云出战。岳云不负众望，将金军打得横尸遍野。最后，暴怒下的完颜兀术组建了一支强大的军队，准备与岳家军决一死战。整个队伍有15000多骑兵，这些骑兵身披沉重的战甲，每

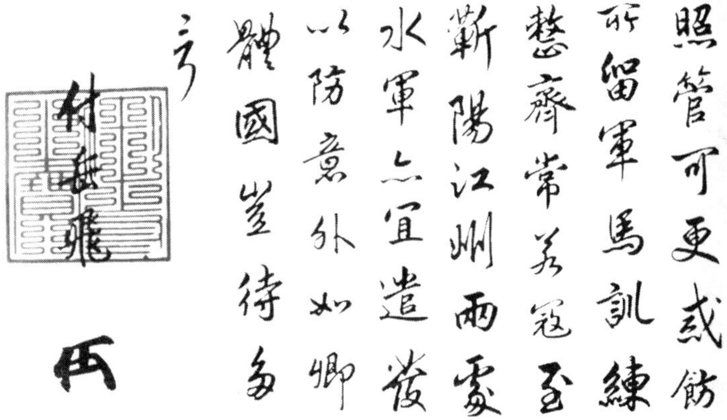
照管可更戒飭
所留軍馬訓練
整齊常若寇至
蘄陽江州兩處
水軍亦宜遣發
以防意外如卿
體國豈待多
言
付岳飛

▲ 赵构给岳飞的手书

一组有三匹战马，战马用绳索彼此相连，号称“拐子马”，非常厉害。岳飞见状仔细分析战局，命令手下的士兵专砍马腿，因为“拐子马”是三匹马连在一起的，所以只要其中的一匹马倒下，其他的两匹马也会因此而失去战斗力。在岳飞英明神武的带领下，岳家军最终将这支阵容强大的“拐子马”军队全部歼灭了。此后，岳飞率领着岳家军一路追杀金军，还夺回了被金军侵占的很多地盘。

岳家军获胜的消息传到了民间，各路义军纷纷响应，要求加入岳家军，并以能够成为岳家军的一员而自豪。岳家军所到之处，各地百姓都争相拿出家中最好的食物犒劳将士。岳飞曾在朱仙镇对手下的将士们慷慨激昂地说：“大家一起为国奋勇杀敌吧，待到胜利之时，我们一起同饮庆功酒！”正是因为有了岳飞奋勇杀敌的决心和精忠报国的精神，才使得南宋在抗击金军的浪潮中有了明显起色，整个局面一度朝着大好的方向发展。

然而，开封知府兼东京留守宗泽并未能挽救大宋，高宗皇帝在听信宠臣黄潜善等的劝说之后，反战而主和。岳飞怒不可遏，上书怒斥议和，并陈列事实，坚决主张开战回击，反被以“越职”罪免去职务。三个月后，心灰意冷的岳飞投奔河北路招抚使张所，颇受赏识，率领军队渡河收复新乡，后来因与将领王彦不和，又来到汴京再次投奔宗泽，在黄河以南继续与金军作战，屡获胜绩。次年，曾24次上书高宗请求渡河夺回都城的老将宗泽忧愤成疾，不治去世，临死之前还悲愤高呼“渡河！”然而高宗却依然不为所动，没有任何夺回京城的打算。

这年七月，金将兀术率领大军从开封直扑郾城，岳家军虽然数量上远远少于金兵，但奋勇作战，以一当十，大败金兵。没有占到便宜的兀术又转攻颍昌，然而岳飞早就料到了金兵的套路，早有防范，事先已命长子岳云前往支援，兀术在颍昌再次被岳云率领的岳家军打了个落花流水。岳家军乘胜追击，一路追到了距离开封只有45里的朱仙镇。北方义军得到战报，士气大涨，纷纷展开进攻，很快就收复了黄河南北的部分州县。兀术焦头烂额之下，不得不发出“撼山易，撼岳家军难，自吾起兵北方以来，从未遭今日之败绩”的慨叹。

岳家军的接连胜利虽然令将士和民众大受鼓舞，却不利于高宗和秦桧与金朝重开和议。高宗听信秦桧的谗言，“令岳飞暂且班师”。岳飞坚持要北伐，上奏道：“豪杰向风，士卒用命，时不再来，机难轻失。”然而高宗借口“孤军不可久留”，一天催发12道金牌，强令岳飞班师回朝。这时其他各路军队均已撤退，张俊、韩世忠、刘锜等部陆续班师，岳飞在形势和君命的逼迫下，违心地拒绝了两河百姓要他继续北伐的恳求，发出“十年之功，废于一旦！”的感慨，被迫撤军。然而宋高宗和秦桧还远远没有满足，在他们看来，对于与金人和谈，岳飞是一个致命的威胁，而且这个固执的岳飞居然始终

▲《岳母刺字图》

坚持“迎回二圣”的口号，还在朝堂之上多嘴催促宋高宗立太子之事……这分明是不把他们放在眼里！忍无可忍的宋高宗已然在着手制订除掉岳飞的计划了。

绍兴十一年（1141），岳飞被“谋反”之罪关进了临安大理寺。监察御史万（mò）俟（qí）卨（xiè）亲自刑审、拷打岳飞，逼岳飞招认其编织的罪名。据说当时，宋、金朝廷之间，正在加紧策划第二次和议，双方都把岳飞视为眼中钉，金兀术甚至大言不惭地给秦桧写信，密告：“要想和谈，必须先除掉岳飞。”

不久之后，秦桧唆使右谏议大夫万俟卨以“居功颓惰”的罪名弹劾岳飞，免去了岳飞的官职，随后又诬陷岳飞与岳云及部将张宪谋反，将岳飞逮捕入狱。审讯岳飞时，御史中丞何铸被岳飞背上由岳母亲手刺的“精忠报国”四个大字深深感动，转而上书为岳飞鸣冤，高宗无奈之下，重新任命万俟卨接任审理。当时已经辞官在家的韩世忠跑去当面责问秦桧为何要加害岳飞，罪名何在。秦桧答道：“其事体莫须有。”也就是说“大概有”的意思。韩世忠气愤地说：“‘莫须有’三字，何以服天下？！”然而，在一心想要和谈的高宗看来，除去岳飞，既可以震慑其他武将，又能使和谈顺利进行，真是一举两得。因此，他不顾许多大臣的反对，于绍兴十一年十二月二十九日（1142年1月27日），亲自下旨处死了岳飞。

岳飞死后被抄家，五个儿子中除岳霖被人收养之外，余皆或被充军岭南，或逃往湖广一带。连他原来的部下也被株连罢免或处死。一直到宋高宗退位之后，继任的宋孝宗为鼓士气、平民愤，宣布为岳飞平反，恢复官职，将其遗骸依礼迁葬于西湖栖霞岭下，追谥为“武穆”。到了宁宗皇帝时，又追封岳飞为“鄂王”，还为其修建了庙宇，供人们祭拜。

纵观岳飞戎马一生，虽然战功显赫，对朝廷忠心耿耿，却最终带着收复疆土的遗憾含冤而去，成了政治牺牲品。但他的爱国主义精神和坚贞不屈的民族气节，为后人所称颂，一曲《满江红》，名留青史，成为千古绝唱。而奸臣秦桧等人，成了卖国奸贼的代表人物，被铸成铁像，长跪于英雄墓前，为无数后人所唾弃。

留取丹心照汗青——文天祥

文天祥生于公元1236年，字宋瑞，吉水（今江西吉水）人，自幼好学。19岁参加乡试，获得了庐陵乡试第一名，其父大受鼓舞，在第二年就让他进入吉州白鹭洲书院读书，并在同年考中吉州贡士。

公元1256年，文天祥上京赴考。殿试时，他拖着病体，挥笔写下一篇《御试策》，语言犀利、切中时弊，文中提出了改革方案，并展现出其远大的政治抱负。但不幸的是，他的卷子被主考官列为第七名，后来宋理宗亲临集英殿，无意中看到这份卷子，对文天祥的才华大为吃惊，最后决定把文天祥的卷子提为第一名。覆考官王应麟在旁连声称赞道："这份卷子，议论卓绝，合乎古圣先贤之大道，文中表现出忠君爱国之心，坚如铁石。我为陛下得到这样的人才致贺！"

这段传说还有另外一个版本：因为一开始宋理宗并不知道试卷是哪个考生的，当场拆开密封一看，考生姓名是文天祥，便觉得很吉利，高兴地说："天祥，天祥，这是天降吉祥，是宋朝有瑞气的预兆。"此后，人们就以"宋瑞"为天祥的字。

就这样，文天祥成了著名权相贾似道的门生。但遗憾的是，还没有等文天祥进入仕途，他的父亲就在他考中状元的第四天不幸病故，文天祥立即归家守丧三年。守丧结束后，文天祥回到朝廷，历任签书宁海军节度判官厅公事、刑部郎官、江西提刑、尚书左司郎

▲ 文天祥画像

官、湖南提刑、赣州知州等职。

开庆元年（1259），蒙古向南宋发动大规模的武装进攻，一路来势汹汹，宋军不敌，节节败退。九月，忽必烈包围鄂州。消息传到临安，朝野震惊。宠宦董宋臣建议迁都四明，以避兵锋，这显然会影响到军心和民心。此时，文天祥挺身而出，向皇帝指出迁都之议是小人误国之言，他甚至建议除掉妖言惑众的董宋臣，还要斩首示众、挽回影响。在治国方面，文天祥建议大宋改革政治、扩充兵力、图强救国。然而，这些建议都被宋理宗一口回绝，而南宋的朝政也逐渐开始走下坡路了。

景定四年（1263），理宗皇帝不顾群臣反对，起用了奸佞董宋臣，文天祥因为这件事非常生气，提出辞职，但朝廷认为文天祥是难得的人才，没有接受他的辞职，而是将他贬到条件相当艰苦的瑞州任职。当时的瑞州因曾遭蒙古兵的蹂躏，几乎是一片废墟。文天祥并没有因此灰心丧气，而是恪尽职守，制定了许多安抚民生的政策，使得曾经遭受战火洗劫的城市逐渐恢复了元气。除此之外，他还修复了一些如“碧落堂”之类的古迹，用古迹来宣扬先贤的民族正气，让人们意识到爱国精神的重要性。就这样，瑞州在文天祥的治理下，逐渐显现生机。

咸淳十年（1274），文天祥又被委任为赣州知州。文天祥高超的治理才能再次显现，很快就将赣州的经济和民生状况提高了一个层次。然而好景不长，元军大举南侵，致使宋军的长江防线全线崩溃，朝廷便紧急下诏，让各地官衙务必紧急行动组织兵马勤王。文天祥二话不说，立即捐献家资充当军费，并发动当地富翁集资，招募豪杰，组建了一支万余人的义军，迅速开赴临安。

▲《宋忠烈文文山先生集》

宋朝廷大喜，便立即委任文天祥为知平江府，令他发兵援救常州，随后又令他率部前去支援独松关。于是，文天祥结束了15年的为官生涯，走上战场。当时，由于元军进攻势头正猛，一直压着江西义军打；次年正月，元军一路势如破竹，兵临城下，眼看城破在即，文武百官纷纷出逃。为了挽救局势，谢太后紧急任命文天祥为右丞相兼枢密使，派他出城与元军首领伯颜举行谈判，希望能够与元军讲和。谁知元军并不愿意议和，甚至扣押了前来讲和的文天祥。谢太后见大势已去，只好打开城门向元军投降。

这时候，元军虽然攻占了南宋首都临安，但还有两淮、江南、闽广一带仍然被宋军掌控。于是，伯颜想尽办法诱降文天祥，想要利用他的声望来说服余下的宋军投降。可文天祥早已看穿了元军的企图，任凭伯颜口舌费尽、条件讲完，依然断然拒绝。伯颜实在没有办法，只好将他押解北方。途中路过镇江时，文天祥冒险出逃，历尽千辛万苦，终于来到福州，被当时的小皇帝宋端宗赵昰任命为右丞相。

不过，虽然另立新王，但文天祥对一手遮天掌控朝政的张世杰极为不满，并且与同是重臣的陈宜中意见相左，于是愤然离开南宋小朝廷，以同都督的身份在南剑州开府，指挥部队抗击元军，并先后协同汀州、漳州、龙岩、梅州等地的抗元义军，共同坚持斗争。景炎二年（1277）年初，元军进逼汀州，文天祥对部队进行整顿，随后从梅州出发，打响了收复江西的战役。

在文天祥的领导下，江西的抗元军事行动全面展开。各方义军配合督府军作战，表现出了顽强的战斗力，先后夺回了会昌、雩都、兴国等地。文天祥的声名大振，分宁、武宁、建昌三县的英雄好汉，以及临川、洪州、袁州、瑞州的义兵也都纷纷前来，主动接受文天祥的领导。文天祥统一部署，挥师席卷赣南，收复了大片土地。

公元1278年夏，文天祥得知端宗已死，其弟赵昺继位后也移驻崖山，便建议率军前往崖山，与南宋朝廷会合。由于张世杰等人从中作梗，文天祥只好作罢，率军退往潮阳县。同年冬天，由于文天祥声威日盛，他成了元军进攻南宋的心头大患，元军调集主力部队大举来攻，最终文天祥被俘，他抱定以死殉国的念头，吞下了二两龙脑，但药力失效，自杀未遂，后被押往崖山。

历史上，所有的当权者都会对气节硬朗的忠臣无比钦佩，元朝也不例外。元兵擒获文天祥后，元朝廷非常想得到这位贤士。在文天祥被押往崖山后，元将张弘范就让他写信招降张世杰。但是，文天祥义正词严地说："你的想法实在是荒谬，我自己不能保护父母，难道还能教别人背叛自己的父母吗？"虽然碰了钉子，但张弘范依旧没有放弃，多次给文天祥做工作，要其给张世杰写信，文天祥便将自己前不久写的《过零丁洋》一诗抄录给张弘范。当张弘范读到"人生自古谁无死？留取丹心照汗青"两句时，也大受感动，从此不再威逼文天祥。

在狱中的日子里，文天祥苦中作乐，写出了不少豪迈的诗篇。《指南后录》第三卷、《正气歌》等荡气回肠的不朽名作都是在狱中完成的。后来，元世祖忽必烈见文天祥实在无法劝降，恼羞成怒之下，下令处死文天祥。

元至元十九年（1282）腊月初九，距离南宋灭亡的崖山海战已过去了3年又11个月零20天。这天早上，文天祥特意认真整理了一番囚服，对他来说，今天是一个特殊的日子，终于可以解脱了。此刻，元大都的上万市民听到文天祥即将就义的消息，纷纷走上街头，聚集在街道两旁，争相一睹他的风采。虽然明知是赴死，但文天祥没有丝毫惊慌，行刑前还郑重地向着南方拜了几拜，然后从容就义。

文天祥一生忠于大宋，虽然屡次受挫，但他拯救大宋的决心没有丝毫动摇，最终虽然无力回天，但他的爱国气节战胜了敌人，战胜了时代，穿越千年的历史尘埃，照亮了无数后世文人义士的内心。文天祥英勇就义之后，人们在收敛他的尸骨时，从衣带中发现一首诗：“孔曰成仁，孟曰取义，惟其义尽，所以仁至。读圣贤书，所学何事？而今而后，庶几无愧。”

文天祥的死，可谓壮怀激烈、感天动地。古代虽从容就义者不少，但以名相之身而成为烈士，恐怕唯其一人。“人生自古谁无死？留取丹心照汗青。”一代名臣文天祥明知不可为而为之，是以一身之死警醒后人，以一人之命激励后人。

杀戮功臣最多的皇帝——朱元璋

朱元璋出生在安徽凤阳一个赤贫农民家庭，在家里排行第四，在家族兄弟中排行第八，他的堂哥和哥哥们分别叫重一、重二、重三、重四……以此类推，朱元璋年龄最小，排行第八，所以叫朱重八。

朱重八的童年，每天都在为填饱肚皮而四处奔波。然而，真正让他感到饥饿和无助的是他17岁那年（1344），旱灾、蝗灾与瘟疫接二连三地在他的家乡濠州肆虐。在半个月的时间里，朱元璋就先后死了父亲、母亲、大哥、大侄子四口，家里只剩下他和二哥两个人了。看着亲人的尸体摆在面前，无钱购买棺木，甚至连安葬的坟地也没有，朱重八那时真正感受到了什么叫呼告无门、求助无路。

天灾人祸，家破人亡，即便是很多年以后，身为皇帝的朱元璋依然为这段痛苦的经历悲伤不已。灾难锻铸了他、培养了他，经历了父母双亡的他，再大的惨痛也能够承受得了；在灾难的无情与富人的冷酷面前，他也“练就”了一副铁石心肠。朱元璋当初参加起义队伍时就暗暗发誓：如果有一天自己当上皇帝，第一件要干的事情就是杀尽天下贪官。

后来，当上皇帝的朱元璋曾经这样对大臣们说：“元朝之所以把江山丢掉了，就是因为贪官污吏太多，如今我得了天下，一定要狠狠惩罚那些贪赃枉法的狗官！”因而他建国以后，对于贪官采取铁腕政策，在处罚贪官污吏的刑罚上，朱元璋也是无所不用其极，目的就是用刑罚的残酷来起到威慑作用。

洪武十八年（1385）三月，有个叫郭桓的户部尚书，主要负责征收赋税和粮食，他在收缴秋粮的时候，和地方官相互勾结，扣下原本应该上缴国库的粮食拿去卖钱。此外，他还和管理国家金库的官员勾结，大量偷盗金银，到案发的时候，郭桓所贪污的粮食加上金银，数量竟然相当于当时全国的秋粮征收总数。

这个案子轰动一时，因为贪污的数量实在是太多，上到朝廷官员，下到平民百姓，可以说是“小伙伴们都被惊呆了”。朱元璋也气得不轻，下令严查，决不放过一个与此案有关联的人，而且全部从重处置，这一件案子下来，足足杀掉了几万人。

不过，朱元璋除了杀贪官不手软之外，杀起功臣来同样如此。

朱元璋建立明朝时，任命开国功臣胡惟庸为宰相。这个胡惟庸与朱元璋是同乡，都是凤阳定远人，公元1373年由右丞相升任左丞相。胡惟庸的学生以及被他提拔上来的官员数量很多，在朝堂上慢慢形成一个势力团体，他们相互包庇，利用各种手段铲除那些意见不合的官员。很多官员虽看在眼里，但也都因为惧怕胡惟庸报复而忍气吞声。除此之外，胡惟庸还大肆受贿，甚至借查封犯罪官员的机会私自藏匿抄家而来的名画古玩，可以说是恣意妄为了。

▲ 朱元璋画像

这一切其实都被朱元璋看在眼里，他心里早已有了计划，只是在等一个时机。这一天，胡惟庸的儿子像往常一样骑马在京城的大街上横冲直撞，结果自己不小心从马上掉下来，碰巧被一辆过路的马车轧过受了伤。胡惟庸得知后不但不提儿子横冲直撞的过错，反而怪马夫瞎了狗眼，命人将马夫抓住乱棍打死，替儿子出气。此事发生在天子脚下，让朱元璋十分生气。紧接着，又发生接待外国使者时因为疏忽而做了有损明朝威严的事情。朱元璋勃然大怒，下令将左丞相胡惟庸和右丞相汪广洋一起投进大牢。这两位丞相不愿承担罪责，开始想尽办法推卸责任，说接待贡使是礼部的职责，结果，礼部官员也全部被朱元璋关了起来。

这一下动静就闹大了，下边的官员们纷纷猜测朱元璋的用意，很快，大家都看出了端倪，觉得朱元璋看似将两件事小题大做，实则矛头直指胡惟庸。正所谓“墙倒众人推，鼓破万人捶”，大小官员们便群起攻击胡惟庸专权结党、只手遮天，将其平时的恶行添油加醋一股脑儿地揭发给朱元璋看。明太祖非常生气，严厉地追究了胡惟庸以及其他一些官员的责任。公元1380年，又有人告发胡惟庸企图阴谋造反，明太祖便下令将胡惟庸满门抄斩，还诛杀了“胡惟庸党”下的很多官员及家属，遭牵连处死的竟然多达15000多人。

在胡惟庸这件事上，朱元璋对于权力的重视和强大的控制欲已经表现得很明显了。“打江山”时的担当和果断，已经转变为“坐江山”时的专权和冷酷。在他眼里，没有人可以威胁到他手中的权力，无论这个人是当朝宰相，还是开国元勋，只要碰触了“权力”这条红线，结局只有一个：杀无赦。

“胡惟庸党”被处死以后，许多开国大臣也都陆续受到牵连，其中大臣李善长、宋濂等都死于胡惟庸案。宋濂很早就跟随明太祖，曾经在朝中担任过大学士，还当过太子的老师，所以太子一直对他十分器重，每次见面都恭敬地尊称他为“宋先生”。胡惟庸案发生的时候，宋濂其实早就回到了家乡，可是有人说宋濂的孙子跟胡惟庸案件有关，太祖就连同宋濂一起治罪，将古稀之年的宋濂发配到了四川，以至于年老的宋濂死在了充军的路上。

公元1393年，又发生了大将军蓝玉谋反案。当时大将军蓝玉带兵出征，常年握有强大的兵权，久而久之便仗着自己手中的势力开始傲慢起来，甚至连明太祖都不放在眼里。太祖早就看不惯蓝玉的这身做派，此时正好有人告发蓝玉谋反，便借着机会将与蓝玉有关的所有人都诛杀了。前后受到牵连而被处死的多达2万多人。明太祖为了巩固自己的势力，还撤掉了宰相一职，将大权全部集中在自己手里，此时，皇帝的权力已经达到了空前绝后的地步，全部大权都由明太祖一人掌控了。

随后，朱元璋一发不可收拾，陆续除掉了李善长、刘伯温等文武功臣，在民间野史中，连朱元璋从小一起玩到大的发小、开国第一功臣徐达都是朱元璋用手段除掉的，还有其他与之类似的传言可谓数不胜数。

正所谓“狡兔死，走狗烹；高鸟尽，良弓藏”，朱元璋在登上皇帝宝座后除掉功臣的举动可以理解，但是他手段之狠、做事之绝却远远超出了“除掉功臣”的限度，这是为什么呢？也许我们可以从史书记载的一件小事中找到答案：太子朱标反对朱元璋杀掉功臣，朱元璋让人在地上放一根满是荆棘的枝条让朱标拿起来，朱标怕刺手没有拿，朱元璋对他说：“荆棘上的刺太多，没法握在手里，我把这些刺去掉，再交给你，难道不好吗？现在我杀的都是对国家有危险的人，除去他们，将来你才能坐稳我的龙椅。”

然而事与愿违，公元1398年朱元璋去世，终年71岁，当时整个

▲ 明孝陵

大明朝的功臣宿将已经死伤殆尽。当年与他一起起义的同伴，剩下的也只有汤和了。此后不久，北平的燕王朱棣起兵反抗朝廷，由于朝中能征善战的大将早已被朱元璋杀戮殆尽，无人领兵，朱元璋孙子的皇位轻而易举地落入了燕王朱棣手中。

封侯非我意，但愿海波平——戚继光

明世宗的时候，明朝国力逐渐衰弱下来，东南沿海一带的倭寇开始借机会侵犯作乱。《明世宗实录》中，曾经记载过这样一件事：嘉靖三十四年（1555），浙江绍兴上虞县，有六七十名倭寇登岸抢劫，一路流窜杭州、徽宁、芜湖等地，沿途劫掠，如入无人之境，各地军队竟然拿这股倭寇没办法。这六七十名倭寇竟然在80多天里流窜上千里，深入浙江、安徽两地，杀了一御史、一县丞、二指挥、二把总，攻陷两个县城，最后打到南京城下，直接正面进攻南京安德门。最终明朝军队动用火铳才击退倭寇，之后追击一天一夜，才在浒墅关（今苏州）将倭寇全歼。随后经过统计，明军伤亡高达4000余人。

六七十比4000多，这样的伤亡比例简直匪夷所思。此事发生之后，朝廷紧急从山东沿海防务军队抽调了一个人到浙江任都司佥事，担任参将一职，防守宁波、绍兴、台州三郡，这个人叫戚继光。

明朝与当时的日本一直战事不断，戚继光从一开始就在山东沿海一带负责防御倭寇，可以说与倭寇作战无数，是老对手了。在与倭寇交战的过程中，戚继光记载道："长刀，此自倭犯中国始有之。彼以此跳舞光闪而前，我兵已夺气矣……遭之者身多两断。缘器利而双手使用，力重故也。"此外，史书《倭变事略》中也有类似的记载："一贼出哨亭外，我兵攒枪刺之，贼斫一刀，十数枪齐折。"

▲ 戚继光画像

在这样的记载中，我们可以发现当时的倭刀是一种非常厉害的武器，在性能上远超过明军士兵所持武器。这就导致在与倭寇的战斗过程中，明朝军士经常因为武器不敌倭刀而吃大亏。因此，戚继光对于武器性能的深入研究有着异乎常人的执着。

从另外一种角度上来说，在那个时代，得益于日本先进的钢铁冶炼和锻造技术，倭刀可谓当时最精良的武器，《武备志》里说得更为夸张，“长刀，倭奴所制，甚利于步，古所未备”。在这些描述中，你简直可以感受到明朝抗倭战争开始时，明军将士对于日军先进刀具的那种恐惧。对于此种由倭刀带来的单纯的技术性军事优势，戚继光明白在《孙子兵法》中是找不到答案的，唯一能做的只有“以彼之道，还施彼身”了。

于是，戚继光在抗倭战争的过程中发明了一系列有针对性的新式武器。比如针对倭寇的倭刀过于锋利的情况，发明了竹狼筅，其实这是用竹子做的，对于竹子这种刚柔并济的材料，倭刀砍起来相对不那么容易，再在竹子上面插上很多的钢铁做的像箭头一样的东西，对战时，倭刀劈不断软的竹子，明军士兵还可以用竹狼筅把敌人的武器给钩走，可谓一举两得。此外还发明了撩钩，也是一种以长竹子为材料，头上有左右对开的类似镰刀一样的钢制刀头，对阵时可以远距离钩向倭寇，无论是腿还是脑袋，一旦钩住，必然与身体分家。

在具体战术上，戚继光还发明了鸳鸯阵法，用于成队明军协同作战对付倭寇。在当时，南方一带多水田沼泽地，大型阵法是不容易展开的，戚继光因地制宜，发明了以小队为单位的作战团体，称之为“狼筅阵”。这种小型阵法在对付倭寇时，因为分工明确，且武器装备有攻有守，取得了非常不错的战绩。

我国在明朝时期就掌握了火药技术，戚继光还发明了一系列火器，比如火箭车，其外形为四方形，类似现代武器中的火箭炮，我们也可以联想礼花焰火中那种方形的成排蹿天猴。火箭车往往用于攻击大面积的有生力量，点火后数十枚火箭同时由方形弹仓中齐射而出，场面震撼人心，对于密集人群的杀伤力非常大，无论是从声势上还是杀敌效果上都堪称神器，在对抗倭军的过程中起到了非常重要的作用。

此外，在抗击倭寇的过程中，戚继光还规范了弓箭、刀枪、盾牌、铠甲、喷火筒的制作工艺和标准——这个比发明还重要。可以

▲ 戚继光纪念馆

说超越了时代的束缚，把他对于武器技术的贡献通过这种方法传给了后世。甚至到了清代，以虎蹲炮为前身的火炮也在抗击国外侵略者的战场上发挥了巨大的作用。

得益于戚继光对明军武器装备的提升和指挥有方，以及与另一位名将俞大猷的合作，江、浙、闽一带的倭寇遭受了重创。明军先后进行了岑港之战、台州之战、福建之战、兴化之战、仙游之战等几次大型战役，打得倭寇屁滚尿流，一听到戚家军的名字就瑟瑟发抖，而戚继光也成了人们口中的“倭寇克星”。

虽然戚继光建立了如此辉煌的功业，但是他的晚景却十分凄凉。张居正去世后半年，戚继光从京都被调任为广东总兵，一年之后，朝廷再一次清算张居正，心灰意冷的戚继光呈请退休，可是依然没有躲过劫难，最终被万历皇帝革职，在贫病交迫中死去。

声声入耳，事事关心——顾宪成

万历三十二年（1604），被明神宗免职后赋闲在家的大臣顾宪成等人修复了本地一个宋代的书院，取名东林书院。随后，顾宪成与另外两位被贬的大学士高攀龙、钱一本等开课讲学。因为这几位大学士都名声在外，来听课的人很多。讲课内容大体都是评议朝政、官吏等，同时传播自己的政治主张。

在讲学的过程中，他们倡导皇帝要广开言路，为官要廉洁奉公，同时大力抨击当时权贵富豪贪赃枉法胡作非为的行为。这样的主张得到了老百姓的广泛认可；他们倡导的“读书、讲学、爱国”的精神，被当时社会上的有识之士广为传播，一时声名大振，东林书院渐渐成为江南地区知识分子们议论国事的主要代表场所。家喻户晓的对联“风声雨声读书声声声入耳，家事国事天下事事事关心”便是顾宪成在东林书院所写，激励了当时乃至后世的无数知识分子，对我国传统文化及思想发展促进作用极大。在历史上，有“天下言书院者，首东林”之赞誉。

随着东林书院的影响力越来越大，海内一些有名的士大夫等都仰慕应和，以能到东林书院听课为荣。文人志士纷至沓来，“学舍至不能容”。除此之外，许多因直言上书被贬的官员也都慕名而来，渐渐形成一个团体，每月都有固定的集会和讲课交流活动。朝廷之上的官员们，也有许多与东林书院政治主张相近且相同的，经常与东林书院遥相呼应。由于他们的主张与当时把持朝政的宦官团体相冲突，因此被宦官们称为“东林党”，彼此常有冲突。

东林党与宦官的争斗其实由来已久，其中就包括神宗皇帝立太子之争，即以东林党为主的官员们和以魏忠贤为首的宦官集团之间的冲突。由于当时魏忠贤权倾朝野，在神宗皇帝立太子一事上站在郑贵妃一边，试图说服皇帝改立三子朱常洵为太子，遭到了东林党官员的猛烈反对，在当时称为“国本之争”，最终以东林党官员的胜利告终。

神宗皇帝当初贬了顾宪成，是想给朝堂上老与自己作对的官员们敲个警钟，然而万万没想到，顾宪成等人的东林书院影响力越来越大，反倒是更多的朝堂大臣站在了顾宪成一边，整日里上书说东说西，把神宗皇帝搞得不胜其烦；而当时以阿谀奉承为主的宦官集团，更是视东林党为眼中钉，想尽办法构陷打击。

在神宗时期，东林党与宦官集团之间就爆发过许多次党争，比如“国本之争”，以及后来的“移宫之争”，大体上都以东林党的胜利告终。到了天启年间，由于明熹宗不理朝政，魏忠贤权倾一时，宦官集团占了上风，大肆迫害东林党。天启五年（1625），东林党杨涟、左光斗、魏大中、袁化中、周朝瑞、顾大章六人死于狱中，时称为东林党六君子。天启六年（1626），东林党高攀龙、周顺昌、周起元、缪昌期、李应升、周宗建、黄尊素七人又死于魏忠贤迫害，称为东林党后七君子。

纵观神宗万历、熹宗天启和思宗崇祯三朝，这样的党争长达50多年。朝廷长年处于风雨飘摇之中，是导致大明灭亡的原因之一。

第二辑

一览历史烟云

盘庚迁殷

商汤建立商朝的时候，将都城定在了亳（今河南商丘一带）。通常来说，一个国家的都城一旦确立，是不会随便搬迁改动的，可商朝却是个例外，在300年当中，都城一共搬迁了五次，这是为什么呢？

根据史学家的研究，数千年前，人类正处于从石器时代向青铜器时代过渡的阶段，远远没有改造大自然的能力，一旦发生自然灾害，比如土地荒芜、河水泛滥、外族奇袭甚至是内部矛盾，都会带来无法估量的后果，甚至会造成整个群体就此灭亡的可怕下场。也正是这个原因，商朝都城曾多次搬迁。

商朝的王位传到盘庚手里时，已多次迁都。盘庚深知都城位置的重要性，也目睹了当前都城因为位置不当而带来的灾难后果，因此即位以后他就下决心要重新选一个合适的地方，带领人民过上更加稳定的生活，实现商朝的长治久安。可是，合适的地方在哪里呢？

盘庚派人认真选定了新都地址——北蒙，就在今天黄河以北、河南省安阳市西北郊附近，这里的地理位置正好在当时商朝疆域的中心，前有大河可供航行，后有太行山作为屏障依托，地势险要，可谓是一块号令天下的理想之地。于是盘庚便立即下达命令，告诉众臣自己要迁都了。

▲ 殷墟博物馆

然而此举一出遭到了不少上层贵族的反对，他们有的假装要维护祖宗的宗庙，有的说向北蒙迁都是很不吉利的事情，还有的干脆煽动一些平民出来请愿闹事。可盘庚却不为所动，向他们宣布说："迁都的事我心意已决，这是利于国家安定和百姓幸福的大事。我不可能因为你们无谓的反对而改变主意，迁都一事势在必行。"

就这样，盘庚终于把商都从奄（今山东曲阜）迁到北蒙（今河南安阳小屯村），并很快将这里建设成了一个政治和经济中心，取名为"大邑商"。盘庚在这里推行新政，进行了一系列的整顿和改革，商朝在他的治理下重新振兴起来。盘庚在位28年以后，商朝又经历了11个君王，都没有迁都。由于商都大邑商边上有一块商王的猎区叫作"殷"，因此也有人将商朝的都城称为殷。由于商朝在"殷"复兴，所以历史上也将商朝称为"殷商"。在商朝灭亡以后，殷都就成了一片荒凉之地，因此人们又称这里为“殷墟”。

时光流转，3000多年过去了，昔日繁荣的殷都在岁月的变迁中渐渐成为废墟。到了19世纪末的时候，考古学家们发现了这片废墟，人们在挖掘的过程中发现了大批乌龟的腹甲和牛的肩胛骨，上面刻着许多类似文字的符号。这些文字，在之后考古学家长期的研究中渐渐被破译出来，原来商朝统治者迷信鬼神，他们在出征、打猎、祭祀之前，都要用龟甲和兽骨来占卜一下是吉利或是不吉利。占卜之后，就把当时发生的情况和占卜的结果用文字刻在占卜所用的龟甲、兽骨上。这些文字在晚清时由对金石学颇有研究的官员王懿荣发现并开始研究，如今已确定是我国已经发现的最古老的文字，一共有3000多个单字，因为大多刻在甲骨上，所以叫作甲骨文。我们今天使用的汉字就是从甲骨文发展演变而来的。

殷墟出土的甲骨文记载着殷朝的许多大事，让人们对殷商时期的社会情况有了一定的了解，我国最早有文字记载的历史也是从商朝开始。殷墟出土的大量文物，使我们能够了解商朝中后期社会发展的情况。

从历史发展的角度而言，盘庚迁都使得殷商这个奴隶制国家的生产力和生产技术有了进一步的发展，摆脱了困难的处境。正是这个原因，殷都的地位非常重要，这次迁都也被许多历史学家认定是我国文明发展史上一个重要的里程碑，值得纪念和研究。

真实的西游记

吴承恩是明代著名的小说家，他一生中最具代表性的小说就要数长篇神话小说《西游记》了。作为明代小说的四大奇书之一，《西游记》是吴承恩总结了历代民间传说以及说话艺人的创作之后，又进行二次加工的杰作。书中讲述的唐僧取经故事，在我国可谓无人不知、无人不晓，书中师徒几人曲折离奇的冒险、生动有趣的经历，成为很多人回忆中美好的一页。

不过，许多人不知道的是，《西游记》这么有趣动人的故事，并非完全杜撰而成，而是吴承恩在真人真事的基础上，融入自己对现实生活的真实感受，经过艺术加工创作而成。故事以唐代贞观年间

▲《西游记》图册（清）

▲ 吴承恩故居

玄奘和尚去西域取经的故事为原型，塑造了孙悟空、猪八戒、沙僧等一系列虚构人物，具有极高的艺术成就，将人性、神性、物性三者合为一体，玲珑地刻画出了不同的人物性格，富有极强的表现力。

故事发生于中国历史上最强盛时期之一的唐朝初年。历史上的唐僧姓陈，名祎，生于公元602年，13岁时就出家做了和尚，取法名玄奘。玄奘从小就立志钻研佛经，勤奋好学。他在成长历程中，先后周游了四川、湖北、河南、陕西等许多地方，寻访那些有名的佛学大师，虚心求教。天下学问，都是钻得越深，发现的问题越多，玄奘钻研佛经也是如此。他发现佛教宗派很多，真正懂佛经的人非常少，因此许多佛经的译文有诸多谬误，甚至解释经义时，竟然前后矛盾。为了纠正佛经中的谬误，玄奘决心亲自到佛教发源地天竺（今印度半岛）去，从起源上更深入地研究佛经。

在当时，唐朝政府是不许民间百姓私自出关的，28岁的玄奘只好乔装打扮，装扮成一名西域商人，悄悄出了玉门关，单人匹马踏上西行的征途。对，就是那句“羌笛何须怨杨柳，春风不度玉门关”中的玉门关。出关之后，便是800多里一望无际的大沙漠，又称800里流沙，在《西游记》中，吴承恩将其艺术加工成了“八百里流沙河”。

那800里茫茫沙漠，真可谓“上不见飞鸟，下不见走兽”，是一片毫无生机的不毛之地和生命禁区。玄奘一人一马孤独前行，只能学当地人用路边那一堆堆白骨和驼马粪当路标，辨别方向。沙漠的极端气候我们是知道的，白天“烧烤模式”，晚上立刻转为“冷冻模式”，天气变化无常，常人是难以忍受的。虽然玄奘西行的决心无比坚定，可毕竟是血肉之躯，孤身一人在这干燥炎热的沙漠走了五天四夜，滴水未进，口干唇焦，几次都差点晕倒在沙漠之中。就这样，玄奘以惊人的毅力穿越了沙漠戈壁，抵达了高昌国（今新疆吐鲁番东部）。信仰佛教的高昌国王率领群臣和百姓热情欢迎玄奘的到来，又赠给幺奘许多金银衣物，为他配备了50多名向导和随从，还写下24封给沿途各国国王的信，请他们多多关照玄奘，这让玄奘十分感动。

然而，路途的艰险还是超出了玄奘的想象。半年后，玄奘一行来到了天山山脉的穆素尔岭，这里终年积雪，绵延几百里，当地人说此山地形险恶，无法绕道，只能翻过去。可是这座山高7000米，人迹罕至，鸟兽不去，几乎从未有人能翻越。玄奘一行人一进山就遭遇了空前的磨难，雪山中天气变化无常，常常毫无征兆地卷起狂风暴雪，一瞬间飞沙走石，甚至能把人埋住、砸死，或者冻死。玄奘和他的队伍在冰雪封盖的大山中挣扎了7天，历尽艰险，终于翻越了雪山。

就这样，历尽千辛万苦之后，玄奘一行终于在第二年夏天进入天竺境内。那时印度半岛上有大小70多个国家。公元628年到631年，玄奘游历了北印度的20多个国家，其间访问佛教圣地，学习梵文，如饥似渴地学习佛教知识。后来，玄奘听说那兰陀寺是天竺佛教的最高学府，该寺住持戒贤法师为天竺佛学权威、一代高僧，寺院里不仅有上万名虔诚的僧徒，还有许多精通医药、天文等各种知识的高僧，就决定去那兰陀寺学习。

公元631年年底，玄奘来到了摩揭陀国的那兰陀寺。抵达的那天，整个寺院都轰动了，以最高规格接待玄奘，欢迎队伍多达上千人，人们夹道相迎，手持燃香和鲜花，纷纷向远道而来的玄奘问好。当时寺院住持戒贤法师已经100多岁，出于身体原因早已不再讲学，可为了表示对远道而来的大唐高僧的友好情谊，他破例重登讲台，为玄奘讲学一年又三个月。玄奘恭敬地拜戒贤为师，每日听高僧讲解经义，遍览寺院藏经，这一学就是五年，在佛法方面的造诣突飞猛进，逐渐成了闻名天竺的佛教学者。

在当时的天竺，国王戒日王有着极高的威望，唐贞观十五年（641）十二月，他在都城曲女城举行了一次规模空前的学术辩论会，全国前来参加辩论的高僧达3000多名，此外还有那兰陀寺僧徒上千人，加上婆罗门教和其他各界人士，以及天竺的18个国王。他们有的乘象，有的坐车，有的步行，浩浩荡荡，队伍绵延数十里不绝，蔚为壮观，最终参加的人数多达上万人。

在这次佛教学术辩论会上，玄奘被国王邀请担任主讲人，也就是论主。他第一个上台，宣读了他以梵文写作的论文，总结了五年来在佛经方面的学习成果，大家都被玄奘精辟的论述所折服。在随后的18天会期之中，大家各抒己见，纷纷拿出自己的论点参加辩论，然而并没有哪个人能够驳倒玄奘的论点。

戒日王对玄奘的学识非常钦佩，大会结束的那天，他送给玄奘大量的金银和僧衣，并且按照当地风俗，请玄奘乘坐一头装饰华丽的大象绕场一周，这在当时是国王和臣民们对玄奘表达天竺人最高敬意的一种礼节。

一转眼，距离玄奘从长安出发西行的日子已经过去了17年，玄奘在天竺刻苦钻研，也赢得了自己在佛教领域的地位和声望，鸠摩罗国王甚至修建100所寺院来挽留玄奘；而戒日王和各国国王以及广大僧俗也纷纷恳请玄奘能够留在天竺为他们讲解佛法，但玄奘怀念祖国的心情越来越迫切，他下定决心，辞别了苦苦挽留的戒日王和天竺高僧，带着657卷佛经，以及天竺人民的友谊，朝着都城长安的方向出发了。

又是两年的长途艰难跋涉，玄奘终于回到了唐都长安。整个长安城为之轰动，人们都在兴奋地传递着这个消息。唐太宗听说玄奘带回来大量的珍贵经书，龙颜大悦，就在洛阳行宫召见他，听玄奘讲述一路上的见闻。随后，唐太宗又把玄奘安排在长安大慈恩寺内，由玄奘组织各地高僧，带领翻经院的僧人们翻译佛经。这一时期，玄奘常“三更暂眠，五更又起”，为翻译佛经呕心沥血、夜以继日地工作了19年，译出佛经74部、1300多卷。翻译出来的佛经就收藏在玄奘亲自设计修建的大雁塔里。

除此之外，玄奘还在徒弟辩机的协助下把西行旅途中游历的110个国家和途中听到的28个国家的山川、城邑、物产、风俗都详细记录下来，结集成书，定名《大唐西域记》。此书后来被翻译成各种文字，直到今天，还是学者们研究亚洲次大陆以及中亚古代历史地理的主要资料。

1000多年后，天竺佛教逐渐走向衰落，很多佛经就此失散，玄奘带回来的译本就成了研究天竺佛教的珍贵资料。如今，保存经卷的大雁塔还屹立在西安城南，大雁塔也因此而成为古都长安最显著的标志之一。

在吴承恩的笔下，《西游记》语言活泼，富有感染力，是一本极具现实意义的古典长篇小说，而从人物的语言雕琢来看，此书又具有极强的生活气息，而且字里行间洋溢着幽默诙谐的味道，以取经人物的活动为中心，将情节依次展开，枝干分明，别具匠心。

鉴真东渡

鉴真和尚是唐朝时东渡日本传播佛学理论的高僧。在当时，中国文化兴盛、经济繁荣，极大地影响了周边的国家，尤其是一衣带水的邻邦日本。在这样的环境下，中日两国人民的交流非常密切，日本经常派遣使者到中国学习政治、经济和文化知识，两国人民彼此来往，为中日文化交流做出了贡献。这些人当中，鉴真和尚是贡献最大的一位。他冒着生命危险多次东渡日本，不仅传播了博大精深的中国文化，而且还促进了日本佛学、医学、建筑和雕塑水平的提高，因此鉴真和尚直到今天依然受到中日两国人民和佛学界的尊敬。

鉴真于公元688年生于广陵江阳（今江苏扬州），原姓淳于，14岁时机缘巧合在扬州出家为僧，年纪轻轻就拜高僧为师，在长安、洛阳一带刻苦学习佛法，达到了很深的造诣。鉴真26岁的时候，就开始讲授戒律，后来担任扬州大明寺的住持，修崇福寺、奉法寺等大殿，造塔塑像，宣讲律藏。此后的40余年间，鉴真先后为4万余人剃度，传授戒律，其中有所成就的弟子就有35人。鉴真在淮南等地享有崇高的威望，

▲ 鉴真像

江淮间尊其为授戒大师。

鉴真和尚不仅有着极高的佛法造诣，在建筑方面也有着丰富的知识，这是他跟随建筑家道岸法师学习时积累下来的。此外，鉴真还师从长安的弘景法师，学习医药知识。弘景法师是道岸法师的师兄，精通医学，救济贫民无数，长期免费给患病的穷人治疗。也正是这个原因，鉴真和尚在当时享有很高的声望。

公元742年，日本前往中国交流的僧人邀请鉴真东渡日本传授佛法，当时的鉴真虽然年事已高，但为了弘扬佛教和中国文化，毅然接受了日本的邀请，发下宏愿，立志要东渡日本宣扬佛法。

公元743年，鉴真的第一次东渡因为没有得到官府的支持，失败了。不久之后，鉴真召集了祥彦、道兴、德清、荣睿、普照、思托等17人，还有玉作人、画师、雕佛、刻镂、铸写等各种技艺人才共计85人，出资购买了一条大船，雇用了专业的水手，满载各种佛经、佛像、佛具等物资，再一次出发了。然而即便是做了如此充分的准备，这一次东渡还是因为天气而失败了。后来鉴真又组织了第三次东渡，途中又因为触礁而流落荒岛，几乎丧命。

虽然历经艰难险阻，但鉴真东渡日本的决心丝毫没有动摇。60岁那年，他不顾自己年事已高，第五次东渡日本。他带领随行的65人从扬州出发，一路沿运河南下，从杭州湾出海。不料刚驶入东海，就遭遇了暴风雨，船只一度失去了控制，淡水也喝光了，大家只好接雨水饮用，半个月后，竟然被刮到了海南岛的南端。靠岸后，鉴真并没有灰心和退缩，一路辗转广东、广西等地，讲经传法，默默地为下一次东渡做着准备。

公元753年，鉴真开始了他的第六次东渡，这一次他乘坐的是日本遣唐使的船只。此时，鉴真已因病患而双目失明，但东渡的决心依然坚定，最终，船队在今日本九州南部鹿儿岛县川边郡的秋目浦登陆。回顾多年来的东渡历程，鉴真悲喜交加，感叹不已。

鉴真东渡的意义并不仅限于佛教的传播和发扬，除了弘扬佛法之外，鉴真和他随行的弟子以及工匠还将中国的建筑、绘画、雕塑和医学等技艺和知识传播到了日本，促进了日本文化和社会的发展。直到今天，鉴真在日本依然有着极高的知名度。

安史之乱

安禄山生于公元703年，营州（今辽宁朝阳）人，幼年丧父，他母亲后来嫁给了突厥将军安波注的哥哥安延偃，于是他一直随母亲住在突厥部落里，改姓安氏，取名禄山。安禄山30岁那年才进入军队，他膀阔腰圆，看似憨厚忠实，实则为人狡诈，曾是平卢节度使张守珪的一名偏将，不到四年的时间就做到了平卢军节度使，治营州。

唐朝的节度使是很特殊的官职，原本唐朝实行的是府兵制，士兵平时耕田，战时则回归行伍，披挂出征，这种兵制的优点在于可以有效地防止将领拥兵自重，威胁到中央统治。但府兵制解体之后，渐渐变为募兵制，于是就出现了节度使这一官职，将军政大权集于一身，可以自行招募军队，独立管理，埋下了唐朝中后期100余年及五代十国分裂割据的祸根。

安禄山并不满足于节度使的位置，他是一个极有政治野心的家伙，他通过杨国忠的关系靠近了唐玄宗宠爱的杨贵妃，并大肆挥霍金钱，讨得了杨贵妃的欢心，被认作干儿子，然后他又通过这种关系接近了唐玄宗，极尽谄媚之能事。

有一天，唐玄宗与安禄山闲聊，看到他肚腹肥大，便与他开玩笑问道："腹中何物，竟如此庞大？"安禄山立刻回答道："臣腹中无他物，唯赤心耳！"说得唐玄宗眉开眼笑。还有一次，在唐玄宗的寿宴上，大臣们都按照礼法先参拜玄宗，然后参拜太子，可安禄山参拜完玄宗后，并不参拜一旁的太子。玄宗觉得奇怪就问他："安禄山，你为何没有参拜太子？"安禄山装出一副无辜的样子说道："臣下只知道有皇帝，并不知道太子是何职位。"虽然这"演"得有点过头，可唐玄宗并不以为意，还为安禄山解释说："太子即储君，他日朕百年之后，便由他继承皇位。"安禄山听完之后跪地大哭说："臣下只愿皇帝长命百岁，从未想过皇帝离去的那一天。"

就这样，凭借这些花言巧语，再加上杨玉环的鼎力推荐，安禄山终于获得了唐玄宗的认可。唐玄宗以为安禄山对自己忠心不二，屡屡提升他，最后安禄山一人身兼平卢、范阳、河东三镇节度使，掌握了全国1/3的兵力，荣耀君宠达到顶峰。

公元750年，唐玄宗封安禄山为东平郡王，后来又让他担任河北道处置使。为了讨好唐玄宗，安禄山采用了非常卑鄙的手段，将奚族和契丹族的首领全部斩杀，献给唐玄宗去邀功行赏。唐玄宗喜出望外，夸赞安禄山勇猛，为他建造了一座规模宏大的府第。房子建成以后，安禄山就请唐玄宗到家中来赴宴。本来唐玄宗已经安排好了外出的活动，结果接到了安禄山的请帖，就即刻改变了行程，带着满朝文武一起去了安禄山的家。由此可见，唐玄宗对安禄山的重视和宠爱。

不过，由于唐玄宗终日只知道跟杨贵妃在宫中逍遥快活，朝廷大权被杨国忠擅自玩弄，朝廷外安禄山则在招兵买马，天下乱臣贼子当道，对唐朝中央集权构成了严重威胁，大唐江山形势危急。

俗话说："一山不容二虎。"眼见安禄山的势力日益壮大，杨国忠和他之间的矛盾也逐渐激化起来，时时在唐玄宗面前讲安禄山的坏话。而杨玉环想在当中调解两者之间的矛盾，便将杨国忠的话屡屡转述给安禄山，结果弄巧成拙，反而使安禄山以为朝廷不再容他，渐渐有了造反之意。

公元755年冬天，安禄山觉得时机已经成熟，便举兵发动了叛乱。他以“皇上有密旨，派我立刻带兵入朝讨伐叛贼”的名义，联合史思明等部，又向同罗、奚、契丹、室韦、突厥等民族借兵，以“忧国之危”奉密诏讨伐杨国忠为借口，在范阳起兵20万向长安进发，这就是历史上著名的“安史之乱”。

在此之前，唐朝经济繁荣，社会安定，百姓沿袭了好几代都没有经历过什么战争，安禄山突然来了这么一招，着实打了唐军一个措手不及，关卡一个接一个失守，叛军很快就打到了洛阳。此时唐大将郭子仪、李光弼率领朔方军从河北出发讨伐安禄山，屡获胜利，安禄山甚至一度想放弃洛阳逃回老巢。然而就在这个关键时候，杨国忠猜忌驻防潼关的哥舒翰，一味怂恿唐玄宗催促哥舒翰出兵收复陕洛。天宝十五年（756）六月，哥舒翰被迫出兵，结果大败，安禄山的叛军一举拿下了长安城的最后一道防御关卡——潼关，都城长安随时可能沦陷，无奈之下，唐玄宗只好带着杨贵妃仓皇逃走。

公元756年正月初一，安禄山在洛阳正式称帝，改国号为大燕，大肆搜刮民财，弄得民怨沸腾，百姓日夜盼望唐军的到来。他们时常杀叛军官吏，接应唐朝官军入城，使叛军穷于应付，连长安西门以外都控制不住。叛军将领却并没有意识到丝毫的危机，只知道日夜纵酒。唐军趁着这个机会重整军备、调集重兵，伺机反攻。

至德二年（757）正月，郭子仪收复河东郡（今山西永济蒲州），安禄山则在内讧中被其子安庆绪所杀。同时李光弼坚守太原，屡败敌军；同年九月，后来成为唐代宗的广平王与郭子仪率领朔方军以及回纥、西域等军队15万人一举攻克长安，十月收复洛阳。

公元761年二月，李光弼攻洛阳失败。三月，叛军内部离心，再次内讧，史思明被其子史朝义所杀。公元762年十月，史朝义率部逃往莫州（今河北任丘北），次年正月又逃往范阳，却被其部下所拒，无法入城，走投无路之下自杀身死。至此，历时七年又两个月的“安史之乱”终于宣告结束。

“安史之乱”战乱虽平，安史部将势力却并未完全被消灭，藩镇割据局面由此形成。本来兴盛的唐朝，经历了这么一场暴风雨的侵袭，变得实力衰弱，乃至于影响到了后世的政治、经济、社会文化以及对外关系的发展，好好的一个王朝就这样走向了衰落，谁能说不可惜呢？

会昌灭佛

佛教传入中国，最早源自西汉末年，经过魏晋和南北朝时期的广泛传播，隋唐时达到鼎盛。在当时，上至王公大臣，下到黎民百姓，有着大量的佛教信仰者，社会上形成了“儒道佛”或“儒佛道”的信仰次序。

据史书记载，初唐时期佛教的发展一度十分繁荣，后来经过唐太宗、武则天直至唐代宗多位皇帝的支持和发展，佛教的势力进一步扩大。在当时，寺院有免缴赋税的特权，因此许多贫民出家为僧或投靠寺院做佃户，导致国家的赋税收入越来越少。曾经有大臣在奏疏中写道：“十分天下之财，而佛有七八。”到了肃、代二宗时代更为严重，不事生产的僧尼竟有数十万人，他们吃、穿、住、用全由社会供给，成为社会一大负担。

除此之外，唐朝的寺院还有政治特权，甚至可以设立“法僧”和“僧兵”，建立自己的法律系统，相当于一个小佛教国家。也正是这个原因，唐朝中央和地方政府与众多寺院的矛盾越来越尖锐，终于在唐武宗时期爆发了。

公元840年，信奉道教的唐武宗即位，他对于道教的痴迷由来已久，甚至迷信道术，一心修炼长生之法。即位之后更是肆无忌惮，甚至利用自己的地位和特权，炼丹服药，一时间皇宫内的崇道之风甚嚣尘上。然而这还不够，唐武宗继位仅半年，就展示出了他对于道教的执着和痴迷。他甚至在皇宫三殿设立做法事的道场，公然召道士赵归真等81人常住皇宫，武宗本人还以道教信徒的身份“亲受法箓”，成为一名正式的道教徒。当时，衡山道士刘玄静名气非常大，信徒众多，武宗皇帝亲自下诏将其请入皇宫，甚至封了官职，还赐号“广成先生”，命其与其他几个道士一起在宫中炼丹，传授长生之术。

这样一来大臣们就看不过去了，如果仅仅是个人爱好就罢了，这还把道士请入宫中做起官来，实在是有失体统。大臣们为这事儿吵得沸沸扬扬，许多敢于谏言的大臣对武宗的昏庸之举提出了正面批评，而武宗皇帝倒也是个实在人，他没有拿皇权来压制大臣们，而是在延英殿进行了一次公开辩论来讨论这件事情。

武宗对于大臣们的指责很不以为然，他辩解说：“道教只是爱好，又不是声色犬马之类的恶习，纯属个人爱好，无伤大雅。”但宰相李德裕却毫不留情地指出了敬宗皇帝受赵归真之惑的前车之鉴，并且警告武宗不要重蹈覆辙。随后武宗皇帝说：“我和道士们闲聊，只是消遣娱乐，不会让道士们干预朝政，哪怕有再多道士在宫中，我也不会受他们的蛊惑。”

话说到这个份儿上，唐武宗也算是开诚布公了，可是大臣们依然不依不饶，纷纷进言批评，后来的细节史书并没有记载，而是直接记录了唐武宗禁止佛教的诸多举措：公元845年，即会昌五年，四月，武宗下达诏令清查天下寺院数量与僧尼人数；五月，又下令拆除长安、洛阳左右二街的佛教寺庙，仅留两所，每所寺庙供养的僧人不得超过30名。

此番举措自然引起了众多寺庙僧人乃至民间信佛人士的诟病，许多大臣也以民意为由，上书阻止唐武宗拆除寺庙的行为，而唐武宗丝毫不为所动。想必是觉得自己闲暇之余信奉道教，本无关痛痒，更无伤国本，却引来大臣们的无端阻止，而遍布天下的佛教寺院和数十万不事农耕的僧人，白白消耗大唐的财力国力，却不见大臣们出来说什么，索性就跟你们对着干，拿佛教开刀吧。

当然，这只是推测，并无史据可考，史书中只记录了当时武宗皇帝的诸多举措：八月，诏令天下诸寺限期拆毁。据史料记载，当时没收寺庙的田产多达数千万顷，僧尼强迫返俗者有26万余人。很显然，当时的唐武宗禁止佛教是动了真格的。

在当时，有些地方藩镇割据势力很大，对唐朝中央诏令拒不执行，因此武宗的诏令在全国执行情况各不相同。有些地方虽然执行废佛诏令，但力度不够，收效甚微。不过，即便如此，这次废佛行动仍然为唐朝政府增加了税户，节约了国库开支，使朝廷获得了大量财力、物力、土地方面的好处，从这个角度而言，武宗废佛利国之功是无可非议的。

不过，从另外一个角度而言，封建社会里宗教时常成为统治者麻痹人民群众的精神武器，因而备受统治者的支持和推崇。唐武宗的“灭佛行动”最深层的个人原因已不可考，行动最终的结果也是褒贬不一。佛教徒称之为“会昌法难”。

蒙古西征

公元1206年，蒙古首领铁木真先后打败了塔塔儿、克烈、乃蛮、蔑儿乞等各部，统一了蒙古，并被北方蒙古贵族推举到了大汗的宝座，尊号成吉思汗，建立了政权，即蒙古汗国。成吉思汗继位不久，就开始出兵征战四方，所向披靡。蒙古汗国在成吉思汗的统治下日渐强大起来，在作战中屡战屡胜，而英勇善战的成吉思汗，可以说一生都在征战中度过，其绚烂的功绩可谓前无古人，后无来者。

在成吉思汗的率领下，蒙古贵族不断南下与西征，发动掠夺战争，用兵的主要目标是南宋和金，以及中亚东欧各国。

公元1211年，成吉思汗亲自率领大军讨伐金国。经过了好几场大规模的战斗，金国皇帝完颜永济被成吉思汗杀死。整个金国也因此逐渐走向了衰落，再也没有能力与强大的成吉思汗抗衡，只好一再以求和的方式解决问题。从此以后，成吉思汗便控制了整个东部地区。公元1218年，成吉思汗出征讨伐西夏，一路势如破竹，打得西夏毫无还手之力，最后双方签订了和平共处的盟约。

▲ 成吉思汗画像

解决掉金国和西夏这两个心腹大患之后，成吉思汗把眼光转向了西方。公元1219年，成吉思汗派人出使中亚众国，使者在经过花剌子模的时候惨遭杀害。成吉思汗震怒，亲率其子术赤、察合台、窝阔台、托雷和大将速不台、哲别，会集畏兀儿、哈剌鲁、阿力麻里等，率领20万蒙古大军，攻打花剌子模。短短几天的时间，就将整个花剌子模收入囊中。

尝到甜头的成吉思汗开始把蒙古帝国的战略重心放在西方，公元1223年，蒙古军队出兵欧洲，翻越高加索山，在顿河流域大败突厥与俄罗斯联军，几乎杀光了俄罗斯诸王公，大胜而回。

公元1225年，占领了中亚大部分地区的成吉思汗班师回朝，可是他前脚刚走，西夏后脚就撕毁了当初的盟约，起兵杀死了蒙古的大将木华黎。当时的成吉思汗已经64岁高龄，但他不顾身体劳累，坚持亲自讨伐西夏。然而在行军过程中，成吉思汗突然染上恶疾，高烧不退，身体日渐虚弱。尽管如此，他依然坚持不退兵，一心要为自己的爱将报仇。西夏王一听成吉思汗来了，非常害怕，主动向成吉思汗求和。此时的成吉思汗，已经病入膏肓，最终，一代天骄还是扛不过病魔的折磨，死在了军营中。临死之前，他留下了消灭西夏和联宋灭金的战略，公元1227年，蒙古汗国在新可汗窝阔台的率领下，顺利灭了西夏。公元1234年，窝阔台率领蒙古军队又灭掉了金国。

公元1235年，继任蒙古可汗的窝阔台率领军队挥师西进，分别攻打波斯（今伊朗）和钦察、不里阿耳等部，一路势如破竹，很快就占领了整个波斯。接着，窝阔台召集了精兵强将对伏尔加河中游的不里阿耳发起猛烈进攻，这次远征在拔都的率领和指挥下几乎没有败绩，占领了西亚的大片土地。

公元1237年，蒙哥率领军队进攻钦察，大将速不台连打胜仗，很快就占领了里海以北地区。到了年底，拔都率军大举入侵俄罗斯，梁赞、莫斯科等14座城池很快就落入了蒙古人的手中。公元1239年，蒙古军队攻陷基辅。公元1240年，蒙古军队已经打到了孛烈儿、马扎尔一带，也就是今天的波兰和匈牙利地区。不过，让拔都没有想到的是，势如破竹的蒙古军队在匈牙利遇到了劲敌。

这一年，蒙古速不台和拔都分率大军进攻东欧，按照计划，两路蒙古大军分别越过喀尔巴阡山脉，准备于匈牙利平原会师，此外，窝阔台还派出了两支小规模的骑兵部队，运用“疑兵之术”沿途横扫波兰、西里西亚和东普鲁士。之所以要在相对遥远的区域布置这么一支军队，是为了掩护蒙古主力部队的战略意图，以达到出其不意的进攻效果。

不过，匈牙利国王贝拉也不是等闲之辈，他在蒙古军队进抵佩斯城前，迅速组织起10万人的军队，要与蒙古人决一死战。双方最终在绍约河畔对峙。匈牙利军队按照以往的战术，迅速抢占了一个巨大的桥头堡，又在河西岸用大量的马车连成坚固的兵营，自认为可以抵挡住蒙古军队的冲击。然而蒙古军队抵达后，并没有立刻展开攻城战，而是用威力巨大的抛石车和火箭向守卫桥头堡的匈牙利军队射击，守卫的匈牙利士兵从未见过这样的攻城武器和气势，瞬间溃败。蒙古派出骑兵，迅速冲过桥梁，向刚刚醒来的匈牙利军队主力发起攻击。

虽然遭遇了一点小挫折，但匈牙利军队很快就冷静下来，因为他们十分清楚，蒙古军队在数量上处于绝对劣势，如果硬对硬地拼杀，蒙古军队未必是自己的对手。可是，匈牙利人的如意算盘落空了，蒙古军队的这一次进攻，同样也是“疑兵之计”的一部分。就在匈牙利人疲于应付的同时，蒙古军约3万人的主力早已在南边趁着夜色渡过冰冷的河水，从背后杀了匈牙利军队一个措手不及。突然间腹背受敌，匈牙利军队迅速陷入混乱，仓促撤回兵营，准备死守不出。

这时，蒙古军队再一次让匈牙利人领略了自己的彪悍和强势，他们调动各种攻城武器，密集地向兵营里发射了巨石、火箭、毒箭、燃烧油。这些大型攻城武器大多为西方军队首次见到，许多匈牙利士兵吓得屁滚尿流，完全失去了抵抗斗志。这时，拔都运用了《孙子兵法》中“围师必阙”的战术，故意在围困匈牙利军营的包围圈上留下一个缺口，近乎崩溃的匈牙利士兵迅速从缺口逃亡，而这一切完全在蒙古军队的意料之中。

要知道，身着轻装的蒙古军队的速度和耐力远远强于逃跑者，而且蒙古军队的主力是骑兵，而匈牙利军队则大部分是身着重甲的步兵，因此在机动速度上占尽优势的蒙古军队可以不停顿地换马四处截杀。“围师必阙”战术取得了空前的成功，绍约河战役，蒙古军队一举消灭匈牙利军队7万余人，蒙古军迅速攻克了佩斯城，这场战役也因为窝阔台战略运用的成功而载入史册。

在当时，欧洲军队的作战方式主要是依赖重型盔甲进行近距离的格斗杀伤，通常行动笨拙，而蒙古军队则以骑兵为主，讲究快攻快退，机动性强，无论是在进攻还是追击上都有着无与伦比的优势。此外，习惯于阵地战的欧洲人从来没有面对过如此快速机动的骑兵军队，对阵时，他们甚至搞不清楚蒙古军队的具体数量，这样一来，蒙古军队就能够凭借少数兵力营造出大兵压境的气氛，从心理上击垮欧洲士兵。现代欧洲军事史学专家经过研究统计之后得出了一个令人吃惊的结论：历史上欧洲军队和蒙古军队在战争中的伤亡比例，创下了冷兵器时代最为悬殊的纪录。

公元1241年年底，窝阔台去世，拔都率本部在伏尔加河畔建立了钦察汗国，以撒莱为都城，蒙古人的第二次西征至此落下帷幕。此后，蒙古内部的各个部族之间开始了权力争斗，最终，蒙哥当上了蒙古帝国的大汗，旭烈兀创建了蒙古四大汗国之一的伊利汗国。

公元1253年，蒙哥派旭烈兀统率大军，进行第三次西征，作为托雷最优秀的儿子，旭烈兀很快就打进西亚，平定了木剌夷国。公元1257年三月，旭烈兀找来驻守阿塞拜疆的拜住，继续西征，目标直指黑衣大食首都巴格达。当时的黑衣大食是两河流域的强国，军事力量也十分强大。旭烈兀、拜住等率军足足准备了半年，才在公元1257年冬天正式开始围攻巴格达，第二年年初，蒙古军队用炮石击毁了巴格达城的城门。城破，穆斯塔辛率众投降，随后被蒙哥处死，阿巴斯王朝宣告灭亡。

蒙古西征之战是公元13世纪上半叶蒙古帝国征服中亚和东欧的战争。成吉思汗和他的继承者以剽悍的雄风征服了欧亚地区，从公元1217年至1258年的近半个世纪中，蒙古帝国通过三次西征，先后征服了钦察、花剌子模和东起阿尔泰山、西至阿姆河的西辽、畏兀儿，建立察合台汗国；鄂毕河上游以西至巴尔喀什湖的乃蛮旧地，建立窝阔台汗国；伏尔加河流域的梁赞、弗拉基米尔、莫斯科、基辅等公国，建立钦察汗国；两河流域的伊朗、阿富汗、叙利亚，建立伊利汗国，史称四大汗国。

在西征的过程中，蒙古军队在战术上注重学习汉人的军事技术，用汉人工匠制造大炮，在武器装备上占了优势。除此之外，剽悍的蒙古骑兵战斗力相当强大，特别擅长远距离作战。而封建社会的欧亚各国则是长年处于分裂状态，相互争斗，不能一致对外，因此，在蒙古军队的进攻下相继灭亡。

成吉思汗一生战功累累，他的功绩永载史册，被后人誉为“一代天骄，成吉思汗”。而蒙古帝国的三次西征，也从根本上改变了整个亚欧大陆的历史，促进了欧洲的军事革命。

土木之变

继明太祖朱元璋开国之后，明成祖朱棣一生南征北战，为明朝的发展打下了良好的基础，明仁宗与明宣宗开创了“仁宣之治”，人民休养生息，国库充裕。大明朝的发展形势一片大好，让所有人万万没想到的是，明宣宗之后的明英宗在位期间栽了一个很大的跟头——被蒙古人给抓走了！这又是怎么一回事呢？

这要从明朝有关宦官的一项制度说起。朱元璋在位时，亲自颁布了一道命令，规定不许宦官干政、不许宦官识字，并约束子孙维持这一政策，这个举动用意很明显，就是预防宦官干政扰乱朝纲。可是他死后没多久，朱棣夺取皇位，改了这道命令，允许已经有子嗣的学官在自愿接受阉割手术后，进宫担任宦官，负责教宦官和宫女读书识字。让他没有想到的是，这小小的一道诏令，几乎改变了明朝的命运。

▲ 朱祁镇（明英宗）画像

让我们把目光暂时放在一个叫王振的人身上，他原本是河北某个小县城里的普通青年，像那个年代的其他年轻人一样，踌躇满志地把未来寄托于科举考试。谁承想时运不济，连着考了几年都没有任何收获，郁闷之下王振便断了科举的念头，回家娶妻生子，在县里的一所私塾谋了一份教书差事。有一次，刚好赶上朝廷招募宦官，大概就是入宫负责教授宫女们文化课。对于王振来说，这是个大好机会，他当机立断，很快按要求办妥了“手续”，顺利入宫了。

明宣宗朱瞻基在历史上是一位非常开明的皇帝，他甚至破例允许太监读书学习，以提高他们的文化水平；而有着教书经历的王振很快就成了太监之中的“高学历人士”，大家都称呼他为“王先生”，明宣宗也十分认可他的才华，还安排他去陪太子朱祁镇读书学习。这简直是天上掉下来的运气，王振欣喜若狂。俗话说“流氓其实不可怕，就怕流氓有文化”，王振的学识加上他的狡猾，再加上内心对功名利禄的强烈欲望，让他很快就运用各种手段赢得了太子朱祁镇的信任和欢心，由一个不起眼的小太监一跃成为当朝太子的启蒙导师，这些都为他日后的飞黄腾达打下了很好的基础。

几年后，明宣宗驾崩，太子朱祁镇继位，是为明英宗，王振自然也摇身一变，被提升为司礼太监，也就是宫中所有太监的老大，可谓显赫一时。当时的明英宗朱祁镇只有九岁，明宣宗临死时，吩咐朝中的三位大臣杨士奇、杨荣、杨溥为顾命大臣，辅佐明英宗执政，之后但凡国家大事、朝中奏疏，英宗都要逐一征求这三位大臣的意见。当时的太皇太后张氏，眼见王振权势日益膨胀，觉得有必要教训一下他了。

这一天，太皇太后张氏来到皇宫，让手下的女官身着戎装，立于两侧，之后派人把当时的英国公张辅，大学士杨士奇、杨荣、杨溥，尚书胡濙宣入朝，又把当时年幼的明英宗也叫到跟前，说：“此五人，先朝所简贻皇帝者，有行必与之计。非五人赞成，不可行也。”明英宗接受此命。随后，张氏宣太监王振进入。王振以为是要表扬自己，没想到太皇太后很生气地说：“你侍奉皇帝起居多不律，现在应当赐你死。”两边的女官遂拿起刀刃架到王振颈处。六神无主的明英宗跪下向太皇太后求情，太皇太后最终放了王振，警告他以后绝不许干涉国事。

其实太皇太后张氏的目的也就是吓唬吓唬王振，打个预防针，防止他得意忘形。然而对于当时的王振来说，对功名和权力的欲望让他并不觉得应该有所收敛，相反，当时架在脖子上的利刃让他始终耿耿于怀，怎么才能摆脱这些掣肘因素，让自己的地位更上一层呢？王振是个有耐心的人，他尽心伺候明英宗，等待时机。

七年后，太皇太后张氏去世，当年殿上的五位大臣也老的老、死的死，内阁中继任的大臣也都资历尚浅，无法掌控局势，王振觉得，自己的机会终于来了。当时的明英宗对王振的宠信已经更上一层，甚至把批阅奏折的权力都下放给王振，自己去一边寻欢作乐。有恃无恐的王振从此开始把持朝政，他甚至嚣张地把当年朱元璋所立“禁止宦官干政”的铁牌偷偷撤掉了，而朝中大臣碍于他的权势，都是敢怒不敢言。就这样，仗着明英宗对他的宠信，王振干涉朝政，一手遮天，走向了自己权势的巅峰，他甚至经常以“周公辅成王”来比喻自己与明英宗的关系，可谓膨胀到了极点。

在当时，北方的瓦剌是明朝边防大患，王振接受瓦剌使者的贿赂，与瓦剌贵族进行走私交易，每年让他的死党私造大量箭支，送给瓦剌，瓦剌则以上等的马匹还赠王振作为报答。瓦剌自从与明朝建立“通贡”关系以来，每年都派出贡使携带着良马等货物到明朝朝贡，明朝政府则根据其朝贡物品的多少，相应地给予回赐。一般情况下，回赐物品的价值要稍稍超过朝贡物品的价值，同时，也要给对方贡使一定的赏赐。因此，瓦剌为了获取中原财富，非常愿意到明朝来朝贡。

到了正统年间，明英宗一直派王振负责对瓦剌使者的赏赐事宜，而王振为了走私获利，对瓦剌增加贡使一事睁一只眼闭一只眼，使得瓦剌贡使的人数急剧增加。公元1449年，瓦剌首领也先派出的朝贡人员竟然多达2500多人，不仅如此，为了多领赏物，竟然又虚报为3000人。因为虚报的人数太多，赏赐的财物根本无法按照规定发放，瓦剌贡使回国之后添油加醋地向也先说了很多明朝廷的坏话。也先一听，勃然大怒，并亲率一支大军进攻大同，以明朝在赏赐上欺骗自己为借口，兵分四路，大举攻明。

当时，在关于如何应对瓦剌这件事情上，皇帝和大臣们出现了分歧。虽然大家都同意要讨伐瓦剌，但明英宗出人意料地公布了一个让群臣崩溃的消息：御驾亲征。

这怎么得了？群臣一下子炸了锅，吏部尚书王直率领百官竭力劝阻和抗议，但明英宗朱祁镇算是王八吃秤砣——铁了心了，谁也劝不住啊。他为什么这么犟？因为有一个他非常信任的人一直在背后百般怂恿，这个人就是皇帝身边的头号太监王振。

当时的明英宗还是20出头的年轻人，正值血气方刚。而王振根本就不了解边防，更不懂带兵打仗，他为了在皇帝面前表现，就怂恿明英宗亲征，好青史留名。明英宗不知道厉害，稀里糊涂就听了王振的话，也认为亲征是他大显身手的好机会，便轻率地做出亲征的决定。他让弟弟郕王朱祁钰留守京城，自己在粮草兵器都没有做好充分准备的情况下，临时“拼凑”了50万大军，匆忙出发了。

皇帝被王振洗了脑，大臣们可没有。一路上这帮大臣就急得像热锅上的蚂蚁，要知道因为出征匆忙，皇帝只准备了一个月的军粮，蒙古骑兵一向彪悍，以明成祖朱棣的军事才能，穷尽一生北伐五次也没能彻底解决蒙古人的威胁。如今年轻的明英宗皇帝没有任何带兵打仗的经验，这不明摆着去打败仗吗？

不过，大臣们的担心似乎有点多余了。大军用了半个月时间，出居庸关，经宣府，于八月初一到达大同前线。这个时候才知道，大同总督军务西宁侯宋瑛、总兵朱冕已经在半个月前战死，城内军队基本上全军覆没，城外尸横遍野，形势非常危急。从未上过战场的王振这才知道原来蒙古军队如此彪悍，非常惊恐，立刻做了一个让大家哭笑不得的决定：班师回朝！

号称50万的大军辛辛苦苦跑了半个月，到战场后第一个决定竟然是退兵，虽然这有点丢脸，但群臣算是松了一口气，居然无一例外大力支持王振这个决定，毕竟皇帝才是最重要的，赶紧回京城去吧，免得大家提心吊胆。

大军抵达之后，既不出击，又不设防，而是第二天又撤退了。这场闹剧不仅让士兵们摸不着头脑，连蒙古人都蒙了……当时的瓦剌首领也先实在看不懂明军这是要干啥，难道是要诱敌深入？于是他派出一小支骑兵，准备“试探性”地尾随追击一下。

就在这个关键的节骨眼儿上，奇葩的王振公公，突然有了一个奇葩的主意：打胜仗显威风是没戏了，不如领着皇帝和大军绕道自己的老家一趟，让父老乡亲们看看自己如今混得有多威风。结果就是这么一绕路，瓦剌的骑兵追上来了，于八月十四日凌晨，在土木堡把明英宗和他的几十万大军围了个严严实实。明军被困山上，水源被切断，狡猾的瓦剌首领也先趁明军取水之际展开进攻，明英宗的几十万大军很快被击溃，全军覆没，明英宗被俘，史称“土木之变”。

这一消息传到北京，百官惊慌失措，聚集在殿廷上号啕大哭。

而侥幸逃脱的王振，也被明英宗的护卫将军樊忠愤怒之下一锤砸死。随后，朝中大臣紧急调兵护卫都城，在皇太后的主持下拥立明英宗的弟弟郕王朱祁钰为景帝，又将王振家族不分老少一律处斩，没收家产，朝中同党也相继被处死。朝廷上下为之振奋，在明景帝和于谦等大臣的带领下，击败了攻至北京城下的也先大军，避免了靖康之耻的重现。然而，明朝经此一劫，渐渐由盛转衰，再无力远征。而一手导致“土木之变”惨剧的太监王振也被写入史书，被后世所唾骂。

晚明三案

纵观整个大明朝，明神宗朱翊钧在位共48年，创下了在位时间最长的纪录，而继任者明光宗朱常洛倒也不甘示弱，创下了在位时间最短的纪录——一个月。按理说，短短一个月的在位时间，不足以让这位皇帝在历史上留下什么痕迹，然而事实上，从做太子到最后驾崩，围绕着朱常洛的风波始终没有停息，其中有几个较有影响的事件——“梃击”“红丸”“移宫”，被后世称为“晚明三案”。可以说，用“多灾多难”来形容这个“短命皇帝”一点都不过分，这其中都有些什么不为人知的内情呢？

公元1615年，也就是万历四十三年，五月初四傍晚时分，太子朱常洛居住的慈庆宫内像往常一样冷清。突然，一名不知道从哪里冒出来的壮汉手持木棍冲了进来，见人就砸，守门的两个侍卫猝不及防，被打倒在地，随后男子一路冲向内殿，内官侍从们赶紧将殿门关上，大呼有刺客，侍卫闻声赶来，才把持棍男子制伏。

第二天神宗皇帝命人严加审问，结果只审出来这个男子叫张差，有些疯癫，其余信息一概问不出，更要命的是：每次审讯出来的口供都不一样……这事在宫内乃至朝堂之上引起了轩然大波，为什么呢？这要从太子朱常洛的身份讲起。

朱常洛的母亲恭妃王氏原本是太后宫中的侍女，偶然被神宗皇帝宠幸才生下皇长子朱常洛，因为身份卑微，王氏和朱常洛一直不受皇帝重视。后来另一位贵妃郑氏生下皇三子朱常洵，神宗皇帝宠爱郑贵妃和朱常洵，迟迟不立太子，还透露出想要立朱常洵为太子的意思。这件事情引起了大臣们的不安，按照当时的封建礼制，皇位继承人应当是“有嫡立嫡，无嫡立长”，即嫡长子继承制。所谓的“嫡子”，即皇后所生的孩子，现在皇后既然没有子嗣，按顺序应当立长子朱常洛为太子。

结果就因为这件事情，神宗皇帝和大臣较上了劲，神宗虽然无法说服大臣们同意自己的意见，可大臣们也不能越过皇帝去立太子。神宗一气之下开始“装死”，不上早朝，不批答奏章，不主持祭祀仪式，不出席会议，不任命官员，对国家事务采取不闻不问的态度，而且每天喝酒喝得烂醉如泥，在皇宫里大耍酒疯，随意责罚打骂手下和大臣，搞得皇宫里鸡犬不宁，人心惶惶。

在大臣们看来，立太子是“天下之本”，一定要坚持原则，郑贵妃仗着皇帝的宠爱，一直试图让自己的儿了做太子，大臣们则始终提防着郑贵妃。在结党之风盛行的万历朝，当时的“东林党”大臣们支持太子朱常洛，而郑贵妃则与太监魏忠贤勾结起来与东林党抗衡，其结果就是：因为在太子人选上意见不一且无法调和，明神宗朱翊钧与朝臣们互不相让，僵持了15年，历史上称这次事件为“争国本”。最终以皇帝妥协册立朱常洛为太子而告终，朱常洵则被封为福王。

▲ 明神宗（朱翊钧）画像

▲ 明神宗金丝翼善冠

而这次“梃击案”，东林党与以魏忠贤为首的阉党都想要借此事做做文章，攻击对手，结果就使这件案子越审越扑朔迷离。明神宗吩咐，将嫌犯送交皇城保卫部门审问，巡视皇城的御史刘廷元审问后向明神宗报告，说这个张差家住蓟州井儿峪，是个疯子，但是疯子是如何进入皇宫内宫的？此事应该严加讯问。然而经过刑部反复审问之后，得出的结论是张差确实是个疯子，实在问不出什么有用的信息，只好判了死刑。

不明不白的死刑并不能让所有人满意，刑部的提牢主事找了个机会私下里套张差的话，结果张差供出自己之所以能够在皇宫里乱跑，是宫里的太监帮他打点的。这下大家都觉得此事不简单，大臣们一下子炸了锅，都怀疑是郑贵妃和她的哥哥郑国泰在玩弄阴谋，一时间流言四起，人心惶惶。

于是神宗下令重查此案，可是不知道为什么，参与查案官员的态度往往呈两极分化，蓟州知州戚延龄认为张差在家里就已经得了疯癫病，没什么好查的了，而张问达和刑部员外郎陆梦龙则坚持要刑部十三司对张差进行会审。会审的过程扑朔迷离，参加会审的官员隐约都觉得此事必有蹊跷，不敢深究，而陆梦龙却力排众议，日夜审讯。最后张差供出给他引路的太监是庞保、刘成两人，这两人对他说：“打死小爷（指朱常洛），有吃有穿。”

这下子大臣有了口实，纷纷上奏折要求彻查此事，因为这庞保、刘成不是别人，正是郑贵妃手下的太监，郑贵妃眼看就脱不了干系了。然而这个时候，已经25年不见群臣的神宗朱翊钧意外现身了，他命大学士方从哲、吴道南召集文武百官，然后在朝堂之上当着所有人的面拉着太子朱常洛的手说道："这个儿子很孝顺，朕特别喜欢他。现在如果还有人散布流言离间朕父子，一律处死！"朱常洛也对百官说道："张差是个疯子，赶快把他处决算了。这风言风语再传下去的话，不仅我们父子的名声受损，甚至大明朝的国威也要被牵连！"

连至关重要的两个当事人都这样说了，这案子还能怎么办？到最后，"梃击"一案也就不了了之，以处死疯癫的张差收尾。从这件事上就可以看出，明神宗晚年朝堂之上的党争有多泛滥。

公元1620年8月，当了48年皇帝的明神宗朱翊钧去世，朱常洛即位，史称明光宗。好不容易做上皇帝的朱常洛即位不到一个月，就忽然病重，在吃了鸿胪寺丞李可灼奉上的"红丸"神药之后，第二天就一命归西。一月之中神宗皇帝和光宗皇帝先后驾崩，这还了得？热衷于党争的大臣们于是又掐开了，东林党人说，一定是郑贵妃搞的鬼，先是给皇上送美女，皇上生病后让掌管御药房的宦官崔文升滥用泻药导致病情加重，然后又指示鸿胪寺丞李可灼献上"红丸"这样的春药，导致明光宗驾崩。双方唇枪舌剑，争到最后又是没有结果，把御医崔文升和鸿胪寺丞李可灼贬谪流放完事。

可怜的光宗皇帝，没当皇帝时处处被排挤，担惊受怕，当了皇帝没几天又死得不明不白，由于事发仓促，甚至连新的皇陵也来不及建造，只好用前朝的废陵来应急。而调查了半天，最终光宗皇帝的死因还是没能查清楚，只好稀里糊涂处罚了两个人，草草结案。"红丸案"也没有能够进一步追查。这个皇帝当得还真是多灾多难……

然而，即便是光宗皇帝驾崩之后，围绕着他的风波依然没能停息下来。当初光宗皇帝朱常洛登基时，宠妃李选侍以照顾皇长子朱由校为由，搬入乾清宫居住。结果还没有一个月，皇帝就死于“红丸案”。这时李选侍与太监魏忠贤密谋，想要继续住在乾清宫，有点挟皇长子自重、打算垂帘听政的意思。

这件事大臣们当然不能同意，于是纷纷上书，要求李选侍搬出乾清宫。李选侍仗着朱由校护着自己，派太监去叫朱由校，却被门外大臣们团团围住，无法前往。第二天，群臣又来到慈庆宫外，长跪不起，要求朱由校下诏命李选侍搬出乾清宫。最终李选侍被迫搬出乾清宫，这件事也被定为“移宫案”，不时被互掐的两派大臣拿出来说事。

总而言之，从“梃击案”到“红丸案”，再到“移宫案”，反映了明朝政局的腐败和混乱，皇帝怠于政事，大臣党派之间互相攻击，唇枪舌剑，怎一个“乌烟瘴气”了得？！大明朝原本就风雨飘摇，然而皇帝没有皇帝的样子，大臣没有大臣的规矩，可以说党争之乱害惨了晚期的大明朝。有人曾说过：“明朝其实亡于党争。”这句话真的是再贴切不过了。

七大恨

女真族在明朝后期一直是皇帝的心腹大患，原本是明朝建州左卫都指挥使的努尔哈赤凭借铁甲劲旅连年征战，花费30年的时间统一了东北女真各部，控制了整个女真族，于公元1616年建立后金政权，建元天命。此时，后金国兵精粮足，士气高涨，努尔哈赤的野心也空前膨胀。他不再满足于偏安东北这片土地，而是将目光投向了南方日益腐朽的明王朝。

公元1618年4月13日，努尔哈赤向全国诏告，宣读“七大恨”，正式起兵反明。所谓“七大恨”，即为：

一、明朝无故杀害了自己的父亲塔克世和祖父觉昌安。

二、明朝违背誓言出边进攻女真地盘，偏袒叶赫、哈达等女真部落，欺压建州女真。

三、明朝违反双方划定的范围，在努尔哈赤已经处死越界族人之后，仍强行抓捕女真使徒，滥杀女真族人。

四、叶赫一族暗中与明朝勾结，背弃盟誓，将原本已经许配给努尔哈赤的叶赫那拉·东哥转嫁给蒙古。

五、明朝辽东当局派遣守备尚伯芝赴建州，作威作福，又派兵保卫叶赫，抗拒建州。

六、明朝逼迫自己退出已垦种的柴河、三岔、抚安之地，不许收获庄稼。

七、明朝无端责令建州退还哈达和叶赫，恢复其国，偏袒叶赫。

▲ 努尔哈赤画像

“七大恨”虽然名称上倾向于情感的爆发，但实际上的政治意味才是努尔哈赤的真实目的。其最终意图就是想挑起女真内部对中原的仇恨，从而牵制中原，为中原树敌，从而达到努尔哈赤自己的政治野心。

努尔哈赤之所以要发动战争进攻明朝，主要是为了掠夺明朝的财物和人口。因为女真族奴隶制社会的发展，需要源源不断地补充奴隶，而当时的明朝正值风雨飘摇，虽然地大物博、人口众多、封建经济高度发达，但在政治和军事上却严重衰败，正所谓“落后就要挨打”。正是看到了明朝的衰落，女真族兵锋才敢于肆无忌惮地直指明王朝，努尔哈赤才开始暴露出占领中原的强大野心。

清初三大疑案

从历史角度而言，距离当代最近的中国封建王朝就是清朝，从清朝灭亡到现在，也就过去了100余年的时间，所以清朝的历史资料还是比较齐全的。但是直到今天，有关清朝的三大悬案依然没有搞清楚，在民间流传了上百年，演绎出各种各样的版本，让人难辨真假。

这三大悬案都发生于清朝初年，那时候初入中原的清王朝内部的夺权斗争非常激烈，许多事情都是扑朔迷离，留下了三大历史悬案，分别为：孝庄皇太后下嫁多尔衮是否真有其事？顺治皇帝是死了还是出家为僧了？雍正篡夺皇位一事是不是真的？即便是清朝覆亡之后，后人拿到了珍藏的清宫档案，依然没能完全揭开清初三大悬案的真相。

这第一桩疑案，就是孝庄皇太后到底有没有下嫁给多尔衮。

在明朝遗臣张煌言所作的10首《建夷宫词》之中，有一首曾这样写道："上寿觞为合卺尊，慈宁宫里烂盈门。春官昨进新仪注，大礼恭逢太后婚。"这首诗看似平常，却被无数后人看出了天大的秘密，有许多人以此诗为依据，推断当年的孝庄皇太后曾下嫁多尔衮。

当年在清朝的大军入关之前，皇太极先一步驾崩了，当时继位的顺治因为过于年幼，显然是无法控制朝中局面的。面对当时的情形，孝庄皇太后很有可能选择联合其他的力量，力图保住顺治的王位，而皇叔多尔衮无疑成了最佳人选。正因这个逻辑的自洽，才有许多人相信了《建夷宫词》中的说法。

▲ 孝庄文皇后画像

然而，这样一个“爆炸性”的八卦消息，在现存的档案材料上却完全不存在，有关“太后下嫁”一说，没有任何相关记载，《清宫秘档》也采用了“太后没有嫁给多尔衮”的说法，因为许多细节从时间等逻辑顺序上分析，是无法成立的。

那么，究竟哪一方的看法更站得住呢？我们不妨先来看看双方是如何辩论的：首先，肯定孝庄下嫁多尔衮的“正方”表示，满族曾有“妻后嫂”“妻后母”［兄长死后弟娶其嫂，甚至父亲死后，子娶其父配偶（非生母）］的习俗，因此孝庄皇太后选择下嫁多尔衮，是有着习俗依据的。而否定孝庄下嫁的“反方”则表示：从满族入关后的文献中看，入关后的满人习俗也逐渐发生了变化和融合，并没有继续沿袭“妻后嫂”“妻后母”的记载。

从史料层面来说，“正方”指出，清初典籍记载，在顺治初年时称多尔衮为“皇叔父摄政王”，而顺治五年（1648）则尊称多尔衮为“皇父摄政王”。值得注意的是，史书还记载多尔衮死后，顺治皇帝清算多尔衮的罪状时，提到了“自称皇父摄政王，亲到皇宫内院”这一条。此外，孝庄皇太后病重时曾经对康熙说，希望在孝陵附近选择墓地安葬。这件事情是不符合清代丧葬习俗的，按照清皇室的礼法，孝庄皇太后死后应该与葬在沈阳昭陵的清太宗皇太极合葬，不应该单独葬在北京孝陵附近。正是这个缘故，很多学者主张：下嫁多尔衮的孝庄皇太后一定是觉得死后无脸见清太宗皇太极，才选择了单独葬在孝陵附近。

但是毕竟这些都只是后人的推测，“反方”认为其中没有一条确凿的证据，都不足采信，而且还有很重要的一件事就是写下《建夷宫词》的张煌言身份存疑，这个人是汉人，一直主张“反清复明”，很可能是故意根据一些传闻加以编造，用来嘲讽清廷，因此也不足信。而且据《清实录》记载：顺治十年（1653），慈宁宫进行了大规模修葺，之后孝庄才搬进去，如果像张煌言诗中说的孝庄在慈宁宫办婚事，肯定是在顺治十年以后，而史书记载多尔衮死于顺治七年（1650）十二月。所以，这件事情没有逻辑上的真实性，可信度不高。

但无论如何，这首诗终究成为后人议论孝庄下嫁多尔衮的重要证据，争吵了几百年，始终未有定论，成了清朝的悬案之一。

这第二桩疑案，就是顺治皇帝到底有没有出家为僧。

关于清顺治皇帝，想必许多人都有着这样的印象：顺治皇帝在他最宠爱的董鄂妃死后，悲痛欲绝，到五台山出家做了和尚。当时掌权的孝庄太后认为此举有损清廷声誉，对外宣称顺治皇帝驾崩。

事实真的是这样吗？如果我们翻阅史料就会发现一个截然不同的记载：顺治皇帝直接的死因是患上了天花。《清宫秘档》也采用了“顺治病死于宫中”的说法。关于这个说法，也有史学家提出了另一种观点：顺治皇帝在大年初二时就已经身体不适，《青天集》上却说，初二顺治皇帝到悯忠寺看太监吴良辅剃度；而史料《年谱》中，初一、初二、初三连续三天皇宫内的拜年祈福活动，都没有提到顺治生病一事。并且，“天花”这种疾病，初期一定会发高烧，顺治皇帝发着高烧去看太监吴良辅剃度的可能性是很小的。而且，患有天花的人在临死前会陷入神经错乱甚至昏迷，这样说来，顺治皇帝又如何能在病亡前口授遗诏呢？

正是这个原因，“顺治皇帝在五台山出家”的说法才在民间传得沸沸扬扬。可是，又没有任何人能够提供令人信服的具体细节证据，因而顺治皇帝的最终去向至今也没有人能够真正说得清楚，依旧是悬案一桩。

清朝的第三件疑案，就是“雍正夺嫡”。

一度热播的电视剧《雍正王朝》相信许多人都看过，里面关于雍正“篡夺继位”的情节更是跌宕起伏、引人入胜。大致经过就是：康熙晚年的时候，他的儿子们彼此争斗，为了争夺王位用尽招数，私下里各自结党，互不相让。而胤禛也暗自结党，有了自己的小集团，形成了一派属于自己的势力。平时，胤禛在康熙帝面前是一个十足的孝子，每天对康熙帝嘘寒问暖，十分殷勤，深得康熙帝的好感，虽然私下里与诸皇子彼此对立，冲突不断，却从来不在康熙面前表露，反倒是对诸皇子赞叹有加。最终胤禛用自己的心计赢得了康熙帝的信任，促使康熙帝在临死前将皇位传给了他，这就是历史上“雍正夺嫡”的过程。

然而，这只是电视剧中经过艺术化的加工，真实的历史记载中，“雍正夺嫡”其实是说雍正将康熙遗诏中的“皇位传十四子”改为“皇位传于四子”，因此最终得到了皇位。可是这种说法比电视剧的艺术改编更为不可信，毕竟清朝时“于”“於”两字并不通用，因此不可能有这样的操作。

因此无论是影视剧的编演，还是野史传说，关于“雍正夺嫡”的说法自然不可靠，可能只是民间所猜测的，具体过程无法证实也无法证伪。

那么，雍正究竟是如何获得皇位的呢？作为清初三大疑案中分歧最大的一个疑案，目前学术界有三种不同的说法：一种说法是雍正皇帝作为康熙指定的继承人正常继位；另一种则认为雍正篡夺了皇十四子的皇位；还有一种说法，则是说康熙皇帝其实并没有具体指定谁做继承人，只是因为雍正当时掌握了兵权，很快就控制了局势，从而顺利登基。

这件事情之所以在正史和野史中都如此扑朔迷离、众说纷纭，其实也跟雍正自己的说法有关系。比如康熙弥留之际，雍正人在哪里？什么时候来到康熙身边？当时情况如何？有谁在场？雍正的说辞也是反反复复，这就让人很是怀疑。

▲ 顺治帝画像

还有一种说法，认为康熙非常喜爱雍正的儿子弘历，因此会传位给雍正。当然，这样的可能性也不能完全排除，康熙的确可能因为喜欢弘历而增加了对雍正的偏爱。早在明代时，明成祖立仁宗为太子时，就是因为特别喜爱仁宗的儿子，即后来的宣宗，但这一说法同样没有确凿的凭据。

而真正的确凿凭据，是《清宫秘档》中的相关记录。根据中国第一历史档案馆中保存的雍正继位遗诏实物显示，诏书采用满、汉两种语言，汉文书写“皇四子胤禛，人品贵重，深肖朕躬，必能克承大统。着继朕登极，继皇帝位”，旁边还有对应的满文。如果说需要官方的依据，那这个可以说是相当“官方”了。

不过，因为宫廷档案都是皇帝在位时修订存档的，因此也有人提出质疑，说雍正完全可以在继承皇位之后伪造一份这样的诏书。当然这个说法同样无法证实和证伪，只能是猜测，因此时至今日，我们仍然无法断定事实究竟如何。雍正继位这件事，很可能会成为永久的谜团。

三藩之乱

清军入关后，清朝第一位皇帝是顺治，公元1661年，顺治皇帝英年早逝，他的儿子爱新觉罗·玄烨年仅八岁便继承了帝位，也就是历史上赫赫有名的康熙大帝。康熙皇帝亲政以后，清朝内部出现了严重的地方藩王割据局面，他们分别是广东平南王尚可喜、福建靖南王耿精忠、云南平西王吴三桂。其中势力最强大、野心最膨胀的就要数吴三桂了。这三股势力对清朝政权造成了一定的威胁，三个割据一方的藩王被人们称为“三藩”。

▲ 康熙帝画像

清朝设置藩王，原本是为了笼络汉人，安抚投降的明军将领。这些藩王本为明朝辽东边将，后来降清，或开关迎接清军进入山海关，或为其南征北战，镇压人民的反抗和抗清势力，立有战功。清朝在北京建立中央政权之后，仍然重用这些藩王，把他们作为清朝控制南方边远地区的棋子。

然而日久之后，这些藩王纷纷扩大自己的实力，拥兵自重，甚至割据一方，恣意妄为，对下鱼肉百

▲ 吴三桂画像

姓，对上与中央政府抗衡。康熙帝深深感到“三藩”势力的威胁，如果不能妥当处理的话，“三藩”日后必然成为清王朝江山的后患。于是，康熙便将消灭“三藩”定为自己要做的一件头等大事。

他一直苦思冥想，希望找到一个合适的办法或理由收回“三藩”手中的兵权。与此同时，“三藩”也感觉到了康熙对他们的不信任，一场权力的博弈不可避免。平南王尚可喜老奸巨猾，他决定先发制人，试探一下康熙的想法，就上了一道奏章：“臣如今年老多病，无力再带兵镇守边疆，还望皇上能恩准臣告老还乡，将我的爵位传给自己的子孙。”

康熙也不是等闲之辈，一眼就看穿了尚可喜的意图，思忖再三，他回复尚可喜：“朕准许你告老还乡，但爵位是不能继承的，广东地区如今已经太平，不需要藩王的治理了。”

回复的折子送出去，康熙心里清楚，接收的可不止尚可喜一个人。果然，没过多久，吴三桂的奏章就到了。在奏章中，吴三桂倒是不拐弯抹角，直接请求康熙帝将三藩的藩王爵位一同撤掉。康熙自然早有准备，立刻批准了吴三桂的奏章，同时撤掉了三藩的爵位，并免去了三藩手中的兵权。可以说康熙等的就是这道奏章，要的就是这个机会。当然，康熙也不会打无准备之仗，批准奏章的同时，已经下令将所有的兵马全部集结完毕。

吴三桂同样也是“心中有数”，看到康熙帝的回复以后，他就知道皇帝这次是要动真格撕破脸了，当即着手联合福建靖南王耿精忠、广东平南王尚可喜之子尚之信和各地反清势力，以及当年入关后的一些老部下，自称“天下都招讨兵马大元帅”，打着恢复明朝的旗号，正式向清廷开战，造反了。

尽管吴三桂“反清复明”的口号喊得很响亮，但大家心里都知道，当年就是他打开山海关放清军进城，明朝才灭亡的，现在自己又想起来兴兵讨伐清朝，与其说是为了反清复明，不如说是为了一己私欲，根本站不住脚。因此，这口号喊出来后根本没有多少人愿意跟随他攻打清军。不过吴三桂自身的势力也十分强大，在造反之后的几个年头里，他一路攻占了湖南、江西等地。

公元1676年十一月初五，吴三桂大军行至衡阳。其时，吴三桂决定自立朝廷，以衡永郴桂道衡州知府衙门为“行殿”，指挥各路军事。在与清兵斗争的初期，由于指挥不当，吴三桂的锋锐部队一时颇为挫败。为了鼓舞士气、挽救危局，公元1678年闰三月初二日，吴三桂筑坛于回雁峰前馒头岭，举行称帝加冕典礼，称“大周昭武皇帝”，定国号为“周”，改元“昭武”，称衡州为“应天府”，改钟鼓楼为“五凤楼”，回雁门为“正阳门”，大街名“棋盘街”等，一切用京城名称，加封文武百官。八月开科录士，录取者60人。建造皇帝宫殿95间，象征九五之尊。

周朝的建立，让清政府惊恐无比，因为吴三桂的骁勇善战众人皆知，收复并非易事，朝野上下一时间人心惶惶。而吴三桂也认为，自己的时代终于到来了。康熙看见三藩势力如此雄厚，便设计暂时恢复了平南王、靖南王的爵位，唯独将吴三桂孤立起来。

被孤立的吴三桂此刻也走向了人生的终结，当了皇帝没过多久就身患重病，于八月十五日深夜在皇宫死去，只做了五个多月的皇帝。翌年正月初，臣属们抬着吴三桂的棺材，拥吴世璠离开衡阳，经宝庆入贵州，大元帅马宝留守衡阳。公元1679年九月，清军复克衡阳，结束了衡阳作为帝都的短暂历史。

吴三桂死后，康熙帝再次将平南王、靖南王的爵位撤去，下令夺走了他们的兵权。公元1681年，清军攻下了吴三桂生前所占领的所有地区，从此“三藩”叛乱势力就被清军彻底平息了。

随后，清军乘势发动攻击，一路收复岳州、常德、长沙、衡州等地后，恢复了湖南全省，同时收复广西。公元1681年，清军收复贵州。当年九月，清军围攻昆明。十月，昆明城粮尽援绝，南门守将开门迎降，云贵悉平，“三藩”叛乱至此结束。

清风不识字，何必乱翻书

公元1726年，即雍正四年，清朝江西的科举考试由查嗣庭出任主考，据科举八股文命题的惯例，他选用《诗经》中“维民所止”命题。结果被人抓住把柄，诬为“雍正去头”。这个说辞看似荒唐，但更荒唐的是：雍正皇帝竟然相信了！查嗣庭遂被革职查办，死于狱中，甚至被戮尸枭首，子女和其他家属也因此事被处死和流放，愤怒的雍正甚至还下令停其原籍浙江乡试六年。

史料中还有另外一件有关清代某文人的事情，是说这位文人有一天闲来无事在窗前读书，微风吹过翻起了书页，文人登时诗兴大发，随笔写下两句诗：“清风不识字，何必乱翻书？”谁知，这两句诗被别人看到，跑去告官，说这个文人借诗句讽刺清廷，结果招来大祸，官府以蔑视清王朝之罪将文人斩首。

这两件事情，被史学家看作清朝“文字狱”现象的典型代表。所谓文字狱，其实是清朝统治阶级在国家范围内加强思想、文化控制的措施之一。在封建社会里，统治者为了镇压知识分子，使用了各种手段，文字狱便是其中一种，也是历史上非常罕见的文化恐怖制度。清朝统治者为了压制知识分子对自己的不满和反抗，从其作品中摘取字句，肆意编造罪名，造成了好多冤假错案。

说到文字狱，可谓历史悠久，很多朝代都不罕见，早在汉代元帝时就有“杨恽事件”。司马迁的外孙杨恽在与家人的书信中多多少少发了对朝廷的一些牢骚，原本只是家人之间私下的交流，未承想后来因事下狱，抄家时无意中发现了这封信，结果汉元帝勃然大怒，下令以腰斩处死杨恽，杨妻判流刑。

到了明朝，明太祖朱元璋更是搞文字狱的“高手”。朱元璋曾当过和尚，十分忌讳这段历史，因此他完全不能容忍在表章和诗词中看到“贼”“僧”“光”等字，一旦看到，就觉得是作者在拐弯抹角骂自己，甚至不问青红皂白，将作者统统杀掉以泄恨，搞得天下文人人心惶惶。

文字狱虽然历朝历代都有，唯独在清朝影响最为恶劣，从顺治时期一直延续到了乾隆时期，历时140余年。因为清朝毕竟是以外来民族入关后建立一统天下的王朝，在思想上自然更为敏感，以至于文字狱大行其道。

康熙年间庄廷鑨“《明史》案”、戴名世“《南山集》案”，雍正年间查嗣庭“试题案”，以及乾隆年间胡中藻的“《坚磨生诗钞》案”，影响都非常大，不仅处死了当事人及其门生，甚至连累到其亲朋故旧，惨象环生。

在清朝的文字狱中，又以“《明史》案”最为典型。清朝初年，明末遗民湖州富户庄廷鑨从明朝大臣朱国祯的后人手中买到一本其所著明朝史书，书内有《列朝诸臣传》等稿本。此时庄廷鑨双目失明，他想效法春秋时期的左丘明失明而著《国语》的事迹，将这一稿本与门客所补的明崇祯历史编合在一起，然后用自己的名字加以刊刻。书中，称努尔哈赤为建州都督，并使用隆武、永历等南明年号。

公元1663年，即康熙二年，有关《明史》的内容被人告发，报到京师，康熙皇帝勃然大怒，立即严加追查。此时庄廷鑨已因病去世，但官府仍然没有放过他。庄廷鑨被剖棺戮尸，在世的四个儿子、一个弟弟以及为《明史》作序的李令哲均被逮捕处斩。此外，但凡与此书有关系的人，无论是作序、校阅、刻字、印刷、卖书，还是与此案有牵连的地方官吏统统被抓。诛杀、流放、革职的多达几百人，甚至还有一个叫朱佑明的富豪，本与此事毫无瓜葛，却被人诬告陷害。结果，朱佑明和他的五个儿子也被处以死刑。最后，仅《明史》这一件案子，就杀掉了73人。

从历史发展的角度来说，文字狱严重禁锢了大众的思想，堵塞了言路，给文化的发展带来了极大的负面影响，引起后人的警醒和批判。

第三辑

典章制度

北方人骑马作战的开始

战国早期的时候，各诸侯国之中仅有楚国、越国及后来的魏国宣布称王。那么这个“称王”是什么意思呢？就是自己把自己提升到与周天子平等的地位，换句话说，就是不再承认周王室和周天子“天下共主”的地位了。在封建社会，诸侯国这么做是不符合礼法的，称为“僭越”，是要被周天子讨伐的，无奈当时的周天子已然形同虚设，也没有诸侯国会再听他的，因此面对诸侯国这样的“僭越”行为只能听之任之。

于是乎，公元前334年，魏惠王率领韩国等国的国君，前往徐州拜见齐威王，尊齐威王为王，齐威王不敢独自称王，于是也承认魏的王号，相当于双方互相承认对方的王位，史称徐州相王。随后，秦惠王也在公元前325年自立为王；同年，魏惠王又尊韩宣惠王为王。一时之间，“称王”竟成了诸国的时尚潮流，中原诸国不论大小都纷纷开始称王，就连一些二流小国，如中山国、宋国之流也都相继赶了这趟潮流。

公元前323年，纵横家公孙衍分别游说魏国、韩国、赵国、燕国和中山国结成联盟，各国国君均宣布称王，目的是对抗秦、齐、楚等大国。在这些国家之中，中山国相对要弱小很多，齐国作为当时的大国，看到中山国这样的“弹丸之国”也能与自己相提并论，自然是非常不爽，于是要求中山国撤掉王号，可是中山国厚着脸皮就是

▲ 赵武灵王雕像

不肯，双方差点儿为此打起来。而与中山国的“打肿脸充胖子”形成鲜明对比的是当时的赵国，赵国当时从国力上是远超中山国的，但赵武灵王是一位低调的国君，他觉得赵国还需要韬光养晦，所以在国内未采用王号，仅称“君”。

就看这一件事，赵武灵王的形象一下子高大起来，身为君王，能做到如此谦逊低调，实在是难能可贵。那么，赵武灵王是怎样的一个人呢？

我们知道，“三家分晋”之后，韩、赵、魏之中的赵国发展得并不是很顺利。赵武灵王15岁登基时，正值赵国国力走下坡路，因此，自他继位之后，很长一段时间里，赵国几乎是逢战必败，受尽屈辱：武灵王九年（前317），赵与韩、魏两国合作攻秦，结果大败于修鱼，赵军折损8万余兵将；后来在观泽之战中，赵国又被齐国打败；武灵王十年（前316），赵国的中都和西阳相继落入秦国手中；武灵王十三年（前314），蔺城又被秦所夺，大将赵庄也被秦人俘虏；在此期间，赵国与中山国之间也战了一场，结果还是大败。

但即便如此，赵武灵王始终没有放弃振兴赵国的梦想。在经历一系列挫败之后，赵武灵王做了一个让大家都没有想到的外交决策，就是和当时备受中原各国讨伐的秦国拉近关系，在关东地区与秦国紧密合作，共同对抗中原诸国。随后北方燕国爆发内乱，齐国趁机出兵占领燕国，还准备下一步继续向东攻打赵国。这时赵国和秦国联手，把原本流亡在韩国的燕国公子姬职请了回来，立为燕昭王，然后以护送燕昭王回国继位的名义出兵对抗齐国，不仅挫败了齐国吞并燕国进攻赵国的图谋，而且争取到了燕国燕昭王这个新的政治伙伴。

很快，赵武灵王在帮助燕昭王继位这件事上得到了回报，秦国的秦武王跑到洛阳周天子那里参观考察时，炫耀自己的力气大，要举周天子的鼎，就是当年楚庄王“问鼎”的那个鼎。这个秦武王过于托大，在举鼎的时候累到吐血，死了。这个意外引发了秦国诸公子对王位的争抢，陷入内乱。这时的赵武灵王又和燕昭王联手，共同扶持了秦公子嬴稷即位，是为秦昭王。这一来一往之后，赵国与秦国和燕国之间建立了牢固的同盟关系，也扭转了此前赵国不断挨打的困境，赵国的发展势头这才略有好转。

这个时候的赵武灵王，已经继位18年，经历了这么多风风雨雨之后，他对于国家的发展和个人的梦想有了新的理解和把握，心中也有了一个大胆改革的宏大计划。在扶持秦昭王继位的第二年，赵武灵王在赵国掀起了轰轰烈烈的改革运动。

与之前魏国和秦国的变法改革不同，赵武灵王既没有魏国的李悝，也没有秦国的商鞅，而是全凭一己之力，由国君来主导了赵国这场大规模的改革。他广纳贤能，在朝堂上提拔了肥义、楼缓等人，委以重任，以此来削弱宗室大臣的势力；然后又力排众议，下令举国上下从将军到大夫，再到普通官吏，都改穿少数民族的服装（胡服），学习骑射之术，在生活和军事上效仿北方游牧民族。

“胡服骑射”这项改革举措在当时讲究封建礼法的中原诸侯国之中引起了轰动，在国内更是引起了无数反对的声音，连赵武灵王的亲叔叔公子成，都跑来质问他：“堂堂华夏子孙，怎能去穿那些野蛮胡人的衣服？成何体统？”

“礼仪与服装无所谓，只要利国利民，穿啥都行。”赵武灵王坚持自己的意见其实是有原因的。在当时，赵国由于地理位置，与北方一些游牧民族接触的机会非常多，赵武灵王发现：胡人日常穿的窄袖短衣，相对于中原人士穿的长衣长袍，非常有利于狩猎打仗，同时胡人善于运用骑兵和弓箭，这比中原的长矛、兵车更加具有灵活性。

在当时的中原，各诸侯国之间的战争，主体是车战，车是计算兵力和国力的单位，所谓“千乘之国”“万乘之国”就是指战车的多少。战车冲击力强，然而机动能力差，不利于丘陵草原地带的进攻和撤退，面对游牧民族机动灵活的骑兵军团，更是不堪一击。

在赵武灵王的坚持下，赵国军队开始采用窄袖交领右衽作为正规军装样式，这也是中国军队在历史上最早的正规军装，后来的盔甲装备就是在此基础上演变和改进而来的。胡服骑射，开创了中国古代骑兵史上的新纪元，也为赵国带来了军事力量的快速增长。此后，赵国的“胜势”一发不可收拾，灭中山国，驱逐北方三胡。据史书记载，当时的赵国“地方二千里，带甲数十万，车千乘，骑万匹，粟支十年。西有常山，南有河漳，东有清河，北有燕国”；赵“收率天下以摈秦，秦兵不敢出函谷关十五年”，国力可谓盛极一时。

除此之外，赵国还在北方修建长城作为基础防御设施，赵长城东起于代，经过云中、九原，最后折入阴山，到达高阙，全长约为1300里。后来秦始皇修筑长城的时候，也曾利用赵武灵王修筑的长城为建筑的基础。

总体来说，“胡服骑射”的改革，对当时政治、军事、经济、文化等各个领域的发展起到了积极影响，使得赵国消除了国家分裂的内在和外在的忧患，在人力和物力上得到了长足的发展，建立了赵国在北方的霸主地位。

大九州与小九州

在中国，“九州”之说由来已久，以九州代天下、指中国也是屡见不鲜。我国古代，尤其是周代，人们将“九”看成一个至高无上的数字，认为“天地之至数，始于一，终于九”“天道以九制”“九九归一”等，都是表达这种思想。因此，古人将中国大地划分为九州，反映了“九”为“天地之至数”的观念。这种用“九州”来划分天下的方法，可以说是中国行政区划分的鼻祖了。

那么，具体的“九州”指哪九个州呢？依据《尚书·禹贡》的说法，应为冀、兖、青、徐、扬、荆、豫、梁、雍九州。打开春秋战国时期的版图，可以看到越国就处于扬州一带，楚国则在荆州一带，秦国占据雍州，齐国坐拥青州，由秦国和楚国新开辟的陕南、川蜀则在梁州，而三晋、齐、鲁、郑、卫、宋等诸侯所拥有的冀、兖、徐、豫等地更是中原要地，可以说这九州包括了当时中国政治、经济、文化最发达的中原地区、淮海流域、华北、西北、西南、中南地区。

此外，《尚书·禹贡》中有记载，说大禹在治水之后，便将天下划分成了九州，即青、徐、豫、梁、扬、冀、兖、荆、雍。到汉朝时，汉武帝罢黜百家、独尊儒术，此后《尚书》便成了“六经”之首，于之后的2000多年来都被读书人奉为神圣不可怀疑的经典。因此，那时候的古人，普遍都以为州制是在夏、商、西周王朝时便存在的，即古籍中所说的“十二州”或“九州”。其中，“九州”说最为深入人心。

但事实上，清末以后的学者经过多方质疑和考证，加之对大量甲骨文等资料的研究分析之后，发现夏、商、周时代的“九州”说很可能只是人们心中的一种象征，而不是实际上的行政区划分制度。尤其是后来确定《尚书·禹贡》篇出自战国时代之后，这个说法就更有可信度了。

而“九州”的划分制度，其实也确实没有见诸实践，即便是在战国时期，也仅仅是当时人们对东周领土所做的观念上的划分而已，并没有成为实际的行政区划。

一直以来，上面所提的“九州”说在历史学界颇为流行，但是随着历史研究的越来越深入，人们发现，其实当时的人对天下的认知是非常狭隘的，他们并没有真的意识到所谓天下只不过是广大世界的一个部分。对他们来说，这个“九州”就相当于中国的代号。而且，在战国末期时，除了“小九州”的说法之外，据说还存在“大九州”，而中国的“天下”也只是其中的一个州而已。

提出“大九州”“小九州”这一说法的人，是战国末期诸子百家中的阴阳家邹衍。那时候，邹衍的眼界要比当时大多数人高出许多，他所放眼的已经不仅仅只局限于一国的疆域了，还有更为广袤的世界区域。他认为，中国只是广袤大地上一个名为“赤县神州”的大州，除此之外，世界还存在另外八个大州，这九个区块合并起来，就是“大九州”。

如果说邹衍的这一观点只是源于个人的想象，那未免也太过于巧合了。因为事实上，在他去世2000多年后，大航海时代的来临，终于让人们确定，地球上的确存在九大洲。相对于儒家所谓的九州，“大九州”的观点让我们看到了人们对于旧有“天下”观念的突破，这种学说的源头究竟在何方，今天的地理学家和历史学家们始终没有弄清楚。

侨州郡县

在《隋书·食货志》中，有这样一段记载："晋自中原丧乱，元帝寓居江左，百姓之自拔南奔者，并谓之侨人，皆取旧壤之名，侨立郡县，往往散居，无有土著。"唐代诗人张籍《永嘉行》中也写道："北人避胡多在南，南人至今能晋语。"

为什么会有这样的情况呢？西晋灭亡后，中原陷入战乱，八王之乱与永嘉之乱相继爆发，民不聊生，许多人在战乱中流离失所。在一片乱局中，地方割据势力也为了争权夺利而争斗不休，让原本就混乱的局势更加危急。就在这个时候，原本驻守南方的西晋宗室建立起了东晋王朝，暂且求得一时平安。此后，东晋、南朝为了巩固侨寓政权和招揽北方移民，对侨民采取减免赋役的优待，这就导致了大量北方平民和世家大族为避战乱而大批渡江南迁。

据记载，当时从北方地区南迁的人口达到了90万之多，相当于北方地区人口总数的1/8。北方人口大量南迁主要集中在公元316年前后永嘉年间，史称"永嘉南渡"。北方人南迁的目的地主要集中在江苏、安徽、四川、湖北及江西、湖南诸地，这是我国历史上一次重要的人口大迁徙。

而这些南迁的北方人，往往采取相聚而居的生活方式，保持原籍贯和地区，换句话说，就是把原本北方的地名也原封不动地搬过来，只是在地名前边加上一个"南"字。于是在南方出现了大批北方的地名，例如南徐州、南琅琊郡与南临沂县等。这就给南方的行政区划分带来了很大的不便甚至是混乱。更要命的是，那些从北方迁来的人，并未按照自己的来处聚居，而是随机分散在了不同的州、郡、县，这些不同地区聚居的北方人，会不约而同地使用同一个地名，导致很多地方出现相同名字的州、郡、县。而当朝廷收复北方之后，又在原州、郡名前加“北”字，以示区别。这样一来就更乱了，南北地名雷同混淆，有的甚至是一地数名，大大影响了地方行政管理效率，官员们苦不堪言，百姓们也生活不便。

后来，中原地区同时安置流亡江南的士族，并维护他们的特权，自东晋之后，一直到宋、齐、梁、陈各朝，都在其管辖地区内开辟了一处地方，用以安置这些迁居而来的士族，即后世所称的侨州、侨郡、侨县。作为一种临时建置，为解决地名重复的问题，东晋南朝曾多次实行合并郡县，以方便管理，增加政府财政收入。

但往往事与愿违，在并省的过程中，朝廷又会把一些江南的郡县转移到侨州郡治下，这样一来，不仅没有彻底消除侨州郡，反而让其有了实际的辖地。这样造成的结果就是，长江中下游固有的地方行政系统变得更加混乱了。仅今江苏镇江、扬州附近，就侨置了徐、兖、青、幽、冀、并等州及其所辖郡县，比如今天的淮安（北兖州）、扬州（南兖州）、镇江（南徐州）、连云港（青州）等。江南武进一县附近侨置了20个郡60多个县，一直到今天，镇江市区还有一条东西向的主干道叫“南徐大道”。这种地名前加“南”字的命名方法，某种程度上也反映出当年侨州郡县的痕迹。

有鉴于此，在西晋之后，中原最大的统一王朝隋朝也开始了对地方行政区划大刀阔斧的改革，郡一级被废除，地方行政区也改为州、县两级，在削减行政层级的同时，也大幅度地对地方行政区划进行了调整。后来的朝代中，虽然也常出现州郡互换的情况，但唐、宋两代的地方行政区划，基本上是在隋朝基础上继续发展的。

纵观历史，中国自古以来就存在以流亡人民原籍的州郡县旧名来为所寄居之地命名的情况，也就是所谓的侨州郡县现象，这并不是南北朝时期特有的情况。从凉州至辽东一带，均有设置侨州郡县，尤其是秦岭—淮河以南，东晋、南朝境内最多。

而东晋时期，尽管行政区划混乱，但大批南迁的百姓几乎占了当时南方人口的1/6，带来了先进的生产技术和充足的劳动力，大大促进了长江流域和南方其他地区经济的发展，为这些地区此后的繁荣打下了良好的基础。南北朝以后，长江流域的经济发展与黄河流域相比也是不遑多让的，尤其是隋唐以后，经过改革，经济重心则进一步南移，长江流域的经济水平超过黄河流域。

赋税制度的怪圈

被誉为“中国思想启蒙之父”的黄宗羲，与顾炎武、王夫之并称“明末清初三大思想家”，与顾炎武、方以智、王夫之、朱舜水并称为“明末清初五大家”，与陕西李颙、直隶容城孙奇逢并称“海内三大鸿儒”，可谓名满天下。不过，如果提到“黄宗羲定律”，可能有不少人会觉得陌生，这是一条有关封建社会历朝历代赋税制度的定律，是由黄宗羲总结出来的。

在中国2000多年的封建社会中，税赋制度总是在变革，有些时候是增加税务项目，有些时候则是将不同的税务项目合并起来，但其中却有一条根本的规律，那就是税种繁多。虽然表面上看起来会增加百姓的负担，甚至会导致官吏从中渔取私利，但税种越繁杂，其覆盖面就越完备，后来者如果再想巧立名目征收新税，反而很难钻空子。其实这对于老百姓而言是好事。

反之，如果赋税的种类被合并变少，久而久之，人们会遗忘许多原先存在却被合并的税种，给后来者留出了重复增加的条件和空间，也就是说税种太少，对于百姓而言反倒是坏事。黄宗羲根据这种状况总结出了“黄宗羲定律”，用一句话概括就是“积累莫返之害”。

比如，唐初的赋税制度本来分为土地税、人头税和户税这三项。晚唐杨炎改革时，将户税和人头税都并入土地税中，这一赋税制度一直沿用至宋朝，一直没有从中减去户税和人头税。可是突然有一天，宋朝又开征新的人头税，后人习以为常，但其实那是重复征收的。杨炎的改革看似为百姓减轻了负担，但从长久来看，重复征收人头税增加了后世百姓的负担。

明代的“一条鞭法”同样是看似减轻百姓负担，实际上重复征收多项税目的改革。原本劳役和代役租是10年征收一次的，“一条鞭法”的出台将所有的税务并合到一起征收了。10年轮一次的劳役分散到10年里，对百姓来说的确是一件好事，但是后来政府又开始摊派杂役，本来在“一条鞭法”当中收过了的税目又要重复征收一次。

历史总是惊人地相似，到了明末，户部尚书倪元璐要改革，又把旧饷、剿饷、练饷三饷归并为一，实际上是把这些杂派又并入了正税。而到了清初，人们又觉得这税是理所应当的了，假如三饷之名目不改，人们或许还会顾其名、思其义，知道这是税外的加派，如果再重复加税，就会群起而反对。

总而言之，每次进行税务改革都没有达到减轻百姓负担的目的，反而因为不断增加的杂役摊派让百姓不堪重负。现代有史学家把“黄宗羲定律”用公式表示，即：

两税法=租庸调＋杂派；

王安石役钱法=两税法＋杂派=租庸调＋杂派＋杂派；

一条鞭法=王安石税法＋杂派=两税法＋杂派＋杂派=租庸调＋杂派＋杂派＋杂派；

倪元璐税法=一条鞭法＋杂派=王安石税法＋杂派＋杂派=两税法＋杂派＋杂派＋杂派=租庸调＋杂派＋杂派＋杂派＋杂派；

地丁合一=……=租庸调＋杂派＋杂派＋杂派＋杂派＋杂派。

这可真应了那句古话："兴，百姓苦；亡，百姓苦。""黄宗羲定律"所反映的实际上正是专制王朝时代的又一个怪圈。

接下来我们看一看封建社会有关土地制度的"均田制"。

均田制是从北魏开始的，之后历朝历代都有过小规模的改革。隋末农民起义焚毁了农田，人口大大减少，无主荒地增多。唐朝建立以后，在隋朝均田制的基础上给了百姓休养生息的时间，也保证了税收的稳定，于公元624年、公元719年、公元737年三次改变均田令，降低了百姓购买土地的条件；前朝奴婢、妇女和耕牛不能像之前的规定那样获得田地，这主要是因为唐朝初期政府收入大不如隋朝鼎盛时期，面临着严峻的社会问题。

为了解决社会问题，唐朝初期将均田制和租庸调制推行到了全国，18岁以上的男子都可以分到20亩的永业田和80亩的口分田。其他家中没有成年男子的，又或者是老、寡、病、残等不能从事重体力劳动的人家，也能得到一定数量的口分田和永业田，只不过数量上有差异。五品以上官员可按照品级获得5~100顷永业田，有爵位的贵族根据不同的爵位会分到60亩到30顷勋田。其他方面还会按照不同地区、不同状况来进行分配。永业田就是政府不会回收的田地，而以其他方式分配给百姓和官员的田地有些是当作俸禄发放的，有些则是要进行回收的。

均田制对于唐朝初期的社会稳定起到了极大的促进作用，使唐朝从战争造成的创伤当中迅速恢复过来，农业生产也因为均田制的实行恢复到了正常状况。劳动力与土地结合起来，既能保证政府赋税杂役的有效征收，又协调了不同阶级之间的矛盾。均田令放宽了购买土地的限制，导致唐朝时期土地私有制越来越普遍了。用缴纳一定的赋税来代替徭役，也说明国家对农民的束缚在逐渐放松。

从另一个角度来说，因为租庸调制可以通过缴纳一定的绢帛来代替徭役，所以大大增加了政府的收入。

唐高宗时期，贵族和官员大肆兼并土地，百姓失去了赖以为生的土地，只能四处流亡，均田制已经是名存实亡了。租庸调是以人口作为标准征收税赋的，当土地集中在少数人手中以后，税收就大大减少了。为了改变这一状况，唐政府就废除了租庸调，开始实行两税法。

两税法不再按照人口数量征税，而是按照拥有土地数量和财产数量征税。每年要收两次税，分别是在夏季和秋季，所以被称为两税法。政府每年都会计算好预算和开支，根据结果来计算今年应该收的税数。将这个数字摊派下去，就是整个税收的过程了。

土地兼并导致了两税法的出现，只有改变租庸调和均田制才能让政府从地主、官僚手中收到税赋。并且，将传统的按人口征税改成按照土地、财产征税，将其他烦琐的税务种类并合到一起，是古代中国税务制度的一次重大改革。

两税法改革只方便了政府从那些大地主、贵族、官员身上收取税赋，并没有改变土地兼并严重的问题，没有让百姓的生活变得更好。

接下来，关于明朝的税收制度，可以重点了解一下黄册和鱼鳞图册，以及“一条鞭法”。

黄册，也就是用黄纸做封面的册子。这种册子是用来记录户籍的，是政府做事的重要依据。鱼鳞册是用来记载土地形状和大小的，每块土地旁边还要登记上主人的姓名。因为土地一片连着一片，看起来就像鱼鳞一样，所以才有了“鱼鳞册”这样一个名字。

鱼鳞册和黄册的出现是非常有意义的，朱元璋彻底清查了全国土地数量以后，将土地分给了那些原本没有土地，或者只有少量土地的农民。历朝历代都有农民为了逃避赋税与徭役瞒报人口和土地的数量，黄册和鱼鳞册在一定程度上解决了这样的问题。而核实天下土地数量也有助于减轻土地兼并的状况。中原王朝一直是以农耕为主的，所以最基本的生产资料就是土地。如果土地被大量兼并，农民没有了土地也就没有了生存的根本，只能流落异乡或者饿死。等到没有土地的农民越来越多的时候，暴动、起义等情况就会不断出现，影响地方乃至整个国家的安危。

黄册与鱼鳞册的出现让国家能够更好地掌控国内的土地和人口数量，既方便了管理，又能让征收赋税变得更加公平合理。政府的收入增加了，地主们想要兼并土地变得更难了。政府有了更多的钱粮，就不会对百姓过度压迫，百姓的生活也因此得到了改善。

即便再开明的封建王朝也不可避免有继任统治者喜欢奢侈享乐的生活，明朝中期统治者开始大兴土木，为自己建造华丽的园林楼阁。这一行为导致整个国家的财政状况都出现了问题，压在百姓身上的赋税数目越来越高，徭役也越来越繁重。农民失去了土地，为了逃避赋税只能成为流民，而地主、贵族阶级为了减少缴纳赋税，隐瞒自己实际的土地数量已经成了常态，这就导致了百姓没有土地却需要纳税，只能成为流民。地主是土地的拥有者，但他们隐瞒土地数量，真正纳税的数量也不多。

张居正为了改变国家的财务状况，提出了一条鞭法。一条鞭法就是将所有的赋税、徭役结合起来征收银两。徭役并不按人头数量征，改成部分按人头、部分按土地数量征收。此外，一条鞭法让赋税从征收实物变成了征收货币，也是一次重大的改革。

清朝在税务方面有“永不加赋”和“摊丁入亩”两项举措。一条鞭法没有减轻百姓的负担，百姓在交完赋税以后，还要重复缴纳丁役银，缴纳了丁役银之后还要去服徭役。也就是说，百姓已经缴纳了两次抵偿徭役的税赋，仍然没能免除徭役，而地主可以逃避税收，农民却无钱纳税。这就导致了地主越来越富，农民越来越穷。

为了改变这一状况，康熙帝决定按照康熙五十年（1711）的人口数量和丁银数量作为定数，以后人口数量不管增加多少，也不增加赋税了。因为不管人口增加了多少，土地的数量并没有增加。将固定数量的丁银分摊到土地当中去，这样的收税方式就更加合理了，这就是摊丁入亩。

可惜，“黄宗羲定律”在清朝仍然适用。康熙年间的永不加赋到了雍正时期就又增加了改熔银钱的“火耗”，乾隆时期又增加了漕粮折合成银钱的“漕折”。这些税目都是政府将自己的损失转嫁到百姓身上的，所以清朝时期百姓身上的负担也没有减轻。

历朝历代的封建统治者们都曾为社会稳定而改变过税制，都想到过一些减轻百姓负担、让国家收入稳定的方式，但最终百姓身上的负担只会越来越重。这是封建制度的局限性，是不可避免的。

魏晋南北朝的九品中正制

“九品中正制”是曹丕称帝以后制定的官吏制度，这个制度就是通过品评，将人分为上上、上中、上下、中上、中中、中下、下上、下中、下下九等。负责主持各地考评的官员称中正官，考评完成之后，获得上等评价的人将会被直接推荐到各级政府任职，这一制度的确立让中正官拥有了极大的实权，成为各地甄选官员的第一个“把关人”。沈约在《宋书•恩幸传》中评论九品中正制是“盖以论人才优劣，非为世族高卑”。沈约这一评价所针对的，仅仅是九品中正制的初行阶段，这也反映了庶族士人对仕途官场的向往。这里所说的庶族士人，主要指的是中小地主及知识分子，至于底层的普通劳动者，实际上就连参加品评的资格都是没有的，所以九品中正制归根结底，还是封建统治阶级内部的一种选官制度。

曹丕之所以制定九品中正制，是因为他看到东汉末期，以门阀世族为代表的大地主贵族，倚仗权势操纵了地方选官。在这种情况下，大地主贵族的行为无疑触犯了中小地主及知识分子的利益，双方就选官制度的制定问题展开了激烈的斗争，这种斗争甚至威胁到了统治者的利益，因此必须做出改革。

但是，九品中正制只是根据人品道德来将人进行划分，从而作为授官的依据，在实际选官时，朝廷最终还是要以汉代察举的某些做法作为基准。中正官向朝廷荐举人才通常是以两种名义，即孝廉和秀才。通常来说，孝廉更侧重品行的端正和儒家经学方面的学问，而秀才则更侧重于文学写作方面的才能。南朝时候的科目还有“明经”。通过明经科的考试后，国家学校的学生就有资格获取官职了。当时的孝廉、秀才几乎都被世族大家所垄断，唯有明经是不限门第的，所以很多庶族寒门士人都靠明经考试来跻身官场，踏上仕途。到北朝时，荐举孝廉和秀才对门第的要求比南朝时宽松一些，部分庶族寒门的士人也有机会参与荐举孝廉。

朝廷刚开始推行九品中正制的时候，在给人物评级时，还是比较注意人才的优劣和其在社会上舆论的褒贬的，这使得朝廷多少能够掌握一些选官权力。然而到了曹魏后期，九品中正制很快就被势力雄厚的门阀世族所把持。朝廷的高官显职几乎都被豪门大族所霸占，就连各级的中正官也基本出自这些豪门大族，或是由他们所任命的。更重要的是，这些世族都非常注重家世和谱系，这就使得他们在品评人才时，往往会首要考虑门第和出身。如此一来，九品中正制也就失去了它本来的意义，那些能够被推举为孝廉、秀才的人，所靠的往往是自己的出身，而非真才实学。就这样，九品中正制逐渐沦为豪门世族手中的工具，反而让他们能够更方便地操纵朝廷的人才品评和官员选拔等事宜。

总而言之，在这一历史时期，九品中正制可以说是朝廷选官制度主要的支柱，“上品无寒门，下品无世族”的局面，保证了门阀世族在政治上的特权和优越性。但这与曹丕最初的目的就背道而驰了，随着九品中正制的衰落，朝廷在官员选举方面对门第出身的要求才逐渐呈现出松弛的趋势。

太宗皇帝真长策，赚得英雄尽白头

魏晋时期，随着九品中正制日益腐朽，背离初衷，士族势力日渐庞大，封建地主势力日益上升。他们都开始利用自己的影响力和财力去寻求政治地位，进入权力阶层，其结果就是选择任命官员的权力全由士族把持，以门第论人才之高下，进而定其官职，这样的现象愈演愈烈，甚至影响到了皇权。为了加强中央集权，同时更好地选拔人才，隋唐时期开始实行科举制，以科举考试来选拔官吏。

始于隋朝的科举制度到了唐代已经十分成熟，不同于隋唐以前察举选官时的推荐举荐制度，人们可以自由报名参加，这就将官员选拔的范围扩大了，同时也能更好地发挥选举制度的效力，让其能够选拔到各个阶层的人才。

官员选拔制度发展到汉代的时候，已经将科目分为孝廉、秀才、贤良方正等多个方面，此外还有考试策问。到了唐朝，考试科目方面以及科举制度也在很大程度上沿用了之前的科目，区别是取消了孝廉，更注重考试经学，至于秀才的考试则更注重文章策问的方向。在不同时期，科举考试所设立的科目也有所不同，比如隋朝时候的秀才考试就非常难，唐初沿用秀才考试日益严格，考生很难被录取，久而久之影响了考生的积极性，于是另立进士科，考试内容与秀才基本相同，但是录取标准却放宽了许多。这样一来，就让更多考生可以通过登第来踏上仕途，实现其做官的愿望了，因此那个时候，科举考试对于读书人来说是极具吸引力的。

在唐代，取得参加省试资格的考生称作“举人”，拥有参加进士科考资格的人则被泛称作“秀才”。这种称谓在后世也一直在沿用，但是其中的意义却已经有所不同了。唐朝科举的常设科目主要包括：秀才、进士、明字、明经、明算、明法、一史、三史、开元礼、道举等。除此之外，还设有制举和武举。通常来说，这些科目中，应考考生最多的是进士和明经。这其中又以进士科最受人推崇，同时也是最难考的，百人中仅录取一二人；明经科录取率要稍高一些，每百人可取一二十人，和现在高考本科一批的录取率相差不大。

唐代大多数宰相都是进士出身，久而久之，进士科就成了报考人数最多的热门科目，每次参加进士科考试的人数都有千余人，而最终录取的却不过三四十人，有时甚至可能只有寥寥数人能被录取。因当时的考生大多流行穿一身白色麻布的袍衫，而能够通过科举考试的又都是考生中的佼佼者，故而中举的进士又被人们称作“白衣卿相”“一品白衫”。

在唐初的很长一段时间里，省试一般都在京城长安举行，到了唐朝中期，省试分别在长安、洛阳两都举行，主持考试的礼部侍郎也因此被称为“知两都”。自唐玄宗以来，省试改为由礼部侍郎主持，考生们报名参加省试之后，当年十月就要到长安报到。那时的科举考试，还没有开始采用试卷糊名（将试卷上的考生姓名密封）、誊录（另行誊写考生试卷供考官评阅，避免考官通过笔迹辨认出考生）等做法来保证考试的公平。

在唐代的科举中，主考官称为“座主”或“座师”，当届被录取的考生则成了他的“门生”。通过省试也叫“及第”，获得第一名的是“状元”或“状头”，新科进士之间互称“同年”。考中进士之后，都会受到邀请去参加杏园的宴会，即“探花宴”。在这些新科进士中，还会有两名“颜值”较高的被选作探花使，探花使的职责是遍游长安名园，并从中采摘各种名花来做宴会的点缀。唐代诗人孟郊那首著名的诗歌《登科后》，所描绘的正是中举进士被选作探花使后的情境，诗曰：“昔日龌龊不足夸，今朝放荡思无涯。春风得意马蹄疾，一日看尽长安花。”此外，按照传统，这些新进士还要去慈恩寺大雁塔参加“题名会”，进行题名留念，还有曲江亭子的“曲江会”，以及其他的一些庆祝活动。说到底，参加这些活动从本质上来说，都是为了向世人显示中举的荣耀。

当然，考中进士并不是马上就可以做官，只是代表有了做官的资格，相当于今天的“文凭”，接下来要做官，还要经过吏部的选拔，选拔内容包括身、言、书、判四个方面。先考书、判，也就是考察书写是否工整以及词句文理通达的程度；然后再考察身、言，即观察是否相貌端正、口齿清楚。只有这一系列的“选试”考核通过了，才可以进一步授予官职。

著名诗人白居易中进士后，正是通过“拔萃”才得到“秘书省校书郎”这一官职的；唐代著名文学家柳宗元在中进士后，也是以“博学宏词”而得以授官“集贤殿正字”的。通常来说，通过选试之后能够得到的官职并不会太高，即使成为进士、明经，大多也只能得到八品、九品的官位，但不管怎么样，这也都意味着从此之后你就能跻身于封建统治阶级了。

如果没有通过选试，那么自然就无法做官了，但考生还是可以通过其他方式跻身官场的，比如“论荐”，即托关系求当权的官僚向朝廷保举求官等。假如这条路还是走不通，那么还可以考虑去做藩镇节度使的幕僚，表现良好的话，也是有保举得官的机会的。比如

“唐宋八大家”之一的韩愈，就是在通过进士考试后，又先后三次参加了吏部的选试，却都未能成功。之后只得走关系，请求宰相赵憬等人论荐，结果依然未果。最后只好离开长安，去做了宣武军节度使董晋的幕僚。几年后，因韩愈表现良好，董晋便向朝廷荐举，为他争取到了秘书省校书郎的官职。

在武则天之前，科举中是没有“殿试”这一环节的。历史上的第一次殿试发生在公元690年，武则天亲自在洛城殿策问诸举人，从而开创了这一先河。此后，科举中才加入了“殿试”这一环节，由皇帝亲自主持，可见古代帝王对科举考试的重视。

科举制度是古代官员选拔的一大进步，但同时也具有其时代的局限性，比如朝廷所规定的考试内容和录取标准等，就都是建立在封建地主阶级的思想意识和伦理道德的基础上的，从本质上来说，依然是为了维护封建王朝的统治。

唐朝诗人赵嘏的诗中就曾这样写道：“太宗皇帝真长策，赚得英雄尽白头。”其内涵是：因科举制度的引导，诸多读书人都将读书、应考和做官三件事紧密联系到一起，一心只想着“功名”，却根本看不到国家的盛衰和人民的疾苦。“朝为田舍郎，暮登天子堂”成了读书人出人头地的最高理想，也使得他们最终沦为了统治阶级维护封建统治的工具。

科举制度到了宋朝，基本上被全盘沿用下来，考试科目除了进士科、制科、词科等，还有三史、明法、明经、童子、武举以及“三舍法”取士等。当时，宋太祖赵匡胤刚夺取政权，为了局势的稳定，大批后周官员都被他留用下来，同时，为了牵制这些官员，宋太祖又通过科举考试等制度，为朝廷选拔了大量的新官员，分配到各级政府机构中，从而分散官员的权力，避免他们“抱团”。

宋朝的进士、明经等科考试分为三级，即州试、省试和殿试。州试一般是由各州的通判，即副行政长官来主持的，其余各科的考试则多是由各州录事参军主持。通过州试的考生称“举子”“贡生”。省试一般是由礼部主持的，由皇帝直接任命主考官。省试时，为求公平，试卷要进行糊名和誊录，然后再弥封用印，接着才会送到负责评阅的官员手上。评阅的成绩要先密封，然后再进行第二次评阅。考生的最终成绩则是根据几次的批阅结果来确定的。

到了宋太宗时期，参加礼部省试的举人数量不断增加，因此礼部省试录取的名额也日渐增加，每次有400名左右。这些人通过省试录取后，还要经过皇帝亲自主持的殿试。之所以要由皇帝亲自主持，并不仅仅是彰显重视，更重要的是可以避免唐代以来主考官和考生之间因为“恩师”与“门生”的特殊关系而导致舞弊和不公。而且，从另一个角度来说，皇帝亲自主持殿试，意味着被录取考生的荣誉和官职就是皇帝给的，这也有助于皇帝对于高级人才的控制和使用。

宋太宗时，将殿试录取的进士分成了三甲，分别赐进士及第、进士出身、同进士出身，并在琼林苑赐宴，即琼林宴，也称闻喜宴。殿试的通过率通常都不高，每次都会有1/3至2/3的考生落第。这对统治者而言其实是非常不利的，如果考生已经通过省试，最后却又被殿试所淘汰，那么不免就会对统治者产生怨恨情绪。据记载，每次科举考试之后，逗留在京师开封的落第举子通常都有六七千人，如果不能疏解这些人的怨恨情绪，是很容易发生闹事事件的，甚至有不少穷苦书生在落第之后，因无力还乡而选择了投河自尽。宋仁宗时期，为避免这些悲剧的发生，便决定殿试将不再淘汰考生。

除此之外，宋朝对于那些科考落第的年轻人还有另一项抚慰措施：若考生多次参加省试而落第，可另立名册上报后，和当届考生一起参加殿试，即“附试”，这些参加“附试”的考生称“特奏名”。这一举措为落第考生提供了更多的机会，有时候，参加殿试的特奏名人数甚至还超过了正式的考生。

总而言之，宋代的科举选拔制度在难度上要低于唐朝，因为在唐朝，想要真正做官，除了考中进士之外，还得通过吏部的选试。而到了宋代，只要能通过省试、殿试，便能直接被朝廷授予官职，考得越好，得到的官位也就越高。从宋朝科举制度的变化和发展可以看出，封建统治者对中小地主和下层知识分子的笼络与重视，这对巩固封建政权的统治是大有助益的。

再来看明、清两朝的科举制度，基本上与唐、宋时期一样，只是流程增加了。最重要的进士科正式考试共分三级：院试、乡试、会试和殿试。而且在院试之前，考生还要参加一系列的预备性考试，比如县试和府试等。此外，明、清的科举考试与宋代一样，也都采取弥封、糊名、誊录等做法来防范舞弊。

明、清的院试在府城或直属省的州治所举行，是国家科举考试的最初一级，主考官称学政，又称学台、宗师。学政任期为三年，通常是出身翰林或六部的官员担任，由皇帝直接任命。在任期内，学政要负责到其所管辖的各府、州主持考试。学政亲临考场，又称“案临”。

乡试每三年举行一次，一般会选在子、卯、午、酉年的秋季八月，于京城和各省的省城进行，所以乡试又被称为“秋闱”。通常来说，乡试的正、副主考官都是皇帝从在京的翰林及进士出身的部院官中选拔的。而同考官则是由各省内进士出身的官员来充当，也称房官或房师，负责分房阅卷。考场设有后堂，用帘子隔开，考试时同考官就在帘子之后，所以又称“帘官”，而被选拔做同考官则称作“入帘”。除了正、副主考官和同考官之外，考场还设有负责监考、巡察及各项事务的官员，即“外帘官”，在巡考时，外帘官是不允许与内帘官接触的。

乡试第一名称解元，中举叫乙榜，也叫乙科。乡试发榜后通常都会举行宴会，内、外帘诸考官和新科举人都会参加。因发榜通常在九月桂花飘香之时，所以人们又把乡试榜称作“桂榜”。

科举中最高一级的考试就是会试和殿试，会试一般是在乡试的第二年，即丑、辰、未、戌年，由礼部主办，在京城的贡院举行。会试考期多在春季的二月、三月，所以人们又称会试为“礼闱”“春闱”。全国的举人都能报名参加会试，每次录取的名额少则几十人，多则可达到400余人。这些通过会试的考生称为贡士，获得第一名的称会元。因会试常在杏花盛放时发榜，所以又称“杏榜”。

殿试一般在四月举行，由皇帝担任主考官，并设阅卷大臣和读卷大臣协助评阅试卷。明、清两朝的殿试都只考策问，出榜后同样分三甲：取前三名为一甲，赐进士及第，分别称状元、榜眼和探花，三甲合称三鼎甲；二甲若干，赐进士出身，二甲中的第一名又叫传胪；三甲赐同进士出身。但凡中“三甲”的考生都泛称为进士。殿试不淘汰考生，只定名次，因此对读书人来说，进士就是最高的功名了。

在科举的时候，称考取举人的榜为乙榜，考取进士的榜为甲榜，凡是通过乙榜中举人，再通过甲榜中进士而做官的人，叫作“两榜出身”。乡试的第一名称为“解元”，会试的第一名称为“会元”，殿试的第一名称为“状元”。一身兼有解元、会元、状元的，叫作“连中三元”。当然这个概率就非常小了，需要才华与运气俱佳的人才有幸得之，中国历朝历代做到“连中三元”的人加起来也不过21位，其中文科17位、武科4位。

让读书人参加的人才选拔考试，学而优则仕，这是中国封建社会科举考试的意义所在。无论是对中国传统社会后半段的政治运作还是教育模式，科举制度都有着非常重要的作用。这一制度在中国延续了整整1300年，对中国以及东亚乃至全世界的教育、人文思想、社会结构和政治制度等都有着非常深远的影响。

八股文

如今的学生在中学阶段结束之后要参加高考，然后选择相应的学校进行进一步学习深造。对于古代的读书人来说，他们也要参加“高考”，也就是科举考试，这是国家选拔人才的一种方式，年轻人读书有了一定成就就要去参加科举考试，成绩突出的就会被官府选拔上去，从而步入仕途。

科举考试大概从隋唐时期开始成形，经历宋朝、元朝之后，在明朝形成了更加严密完善的人才和官吏选拔措施。科举考试从形式上来说，对于社会发展是有着积极意义的，毕竟科举考试给学子们带来的是“朝为田舍郎，暮登天子堂”的希望，这让许多出身社会中下层的读书人都有了进入社会上层、实现自我价值的机会。明朝开国皇帝朱元璋身为底层贫民，没有机会接受好的教育，因此他做了皇帝之后就着手完善科举考试制度，目的不仅仅是让平民百姓家的读书人有做官的机会，同时也给自己的统治选拔出符合自己意愿的人才和官吏。

中国古代的科举考试是没有学科之分的，只有文科，其实就是写作文。科举制度经历了唐、宋、元的发展，在明朝形成了固定的流程和时间，甚至连考试内容和答题方式都有严格的规定，要用特定的题材和体裁去答题，说白了就是大家都得用相同的格式去写作文。

在内容上，唐、宋科举考试采用的“帖经”就是拿所诵之经书，帖上两端，中间留下一行内容，让考生论述回答经义，这就叫作“墨义”，此外还有考诗词歌赋等内容。到了南宋，程朱理学兴起，考试时便改为在朱熹集注的“四书”，即《大学》《中庸》《论语》《孟子》几本书之内选题，选取“四书”中的句子作为论述题目。

到了明代，朱元璋当上皇帝的头一年，就对科举制度以及文体有了明确要求。比如读书人参与科举考试必须通过乡试、会试、殿试三场的考试。答题时具体的写法一开始是没有严格规定的。到了明宪宗成化年间，正式开始规定考生要以“八股文”的格式来答题，而且还要讲究格律、对偶等，严格格式，限定字数，不许违背经注，更不能自由发挥。

那么，什么是“八股文”呢？八股文就是考生答题必须以“四书”“五经”为题，不允许考生有自己的想法，答题也必须用古人的语气，就像是古代圣贤在说话那样；格式上要用八个排偶来组成文章。八股文一般分为六段，首句破题，两句承题，然后阐述起源；八股文主要有四个段落，即起股、中股、后股、束股，每个段落有两段，篇末是总结。

那么，为什么要对考试答题的内容和方式做这样的死板规定呢？其实还是统治者试图通过推行这种考试方法，来控制和统一读书人的思想和想法，将天下人才的思想集于一统，不至于产生什么乱七八糟的想法，从而让自己的江山能够永固。

当然，八股文这种考试方法严重束缚了人们的思想，违背了科举考试选拔人才的初衷，也把科举制度引向绝路。明末清初著名学者顾炎武曾经说过：“八股之害，甚于焚书。”足见他对于八股文的恨之入骨。

不过，从另一个角度而言，明朝相对完善的科举制度拥有当时西方社会最稀缺的优点——公平。用公平的方式开科取士，用极小的成本获得最优质的人才。这是中国对于世界的贡献。

府兵制

府兵制是中国古代兵制之一，府兵平时为耕种土地的农民，农隙训练，战时从军打仗。这一制度源于西魏，到北周、隋两朝时逐渐完善，唐太宗时期，府兵制成为当时最重要的兵役制度，其最大的特点就是兵农合一、寓兵于农。

在西魏初年，军队编制为军，分别任命12个大将军统领。公元537年，宇文泰担任柱国大将军，总领12军。公元542年，合并为6军。后西魏与东魏开战，最终因不敌东魏而损失惨重，朝廷只得拉拢关中陇右地区的豪强士族武装，相继提拔了七位新的柱国大将军，这七人与宇文泰并称为西魏的八柱国。其中，宇文泰为军中最高统帅，负责内外军事的管辖。

西魏时的府兵制组织系统大体是这样的：朝中设置八柱国，其中宇文泰是全军统帅，出身魏宗室的元欣则仅挂虚名，也就是说，实际上只有六柱国分统府兵，每一柱国各辖两位大将军，共12大将军。每位大将军又各辖两位开府，即24开府。每开府领一军，所以共有24军。每军中又设两个仪同，每仪同领一团，共计48团。

北周建德二年（573），府兵军士更名为“侍官”，开始从百姓中招募。隋开皇十年（590），隋文帝下诏称：“凡是军人，可悉属州县，垦田籍账，一与民同。”自此之后，府兵制与均田制正式结合，形成了兵农合一的制度。

到了唐太宗时期，以均田制为基础，进一步对府兵制进行了修改和完善，将农民按贫富分为九等。六等以上的农民，每三丁选一丁为府兵，免其赋税，但兵器、粮食衣装等均须自备，每府最高长官为折冲都尉。府兵通常是20岁开始服役，60岁退休，除出征与轮流卫戍外，其余时间都在家种田；农闲时期，由折冲都尉统率教习攻战之术。遇有战事，府兵由中央任命将领率领出征，战事结束便兵散于府，将归于朝。

唐太宗时，全国总共分置为634个折冲府，均由十二卫和东宫六率分领。府又分为三等：上府可以屯兵1200人；中府可以屯兵1000人；下府可以屯兵800人。在府兵制下，凡兵皆农，兵农一体，平时在家乡耕作劳动，农闲便进行军事训练，有战事爆发的时候则听从朝廷政令的征调，待战争结束再返回原籍。平日里，府兵们的生活与农民无异，主要靠务农来收益，这样一来，国家就不需要承担非战时的军饷。此外，府兵的粮食、兵器和日常用品也都是自备的，为国家节省下大量的养兵费用。等到战事爆发的时候，中央会临时指派将领来带领府兵出征；结束战事，将领便解除兵权，府兵返回原籍。这种“将不识兵，兵不识将”的举措，有效地避免了“军队私有”的情况，并减少了将帅拥兵割据的可能，对维护中央集权的稳定有一定作用。

强干弱枝的宋代

许多史学家研究宋朝时，都会觉得不可思议，因为宋朝文化兴盛、经济繁荣，在军事上却软弱至极，不堪一击。这种极端现象令许多史学家既不解又惋惜，他们把宋代比喻成一棵大树，把所有的营养都集中到了树核心的主干上面，而周边的树枝都被放弃了。这个比喻还是非常贴合宋朝政策的，宋朝自建国开始，其实就是采取这种强干弱枝的治国之道。

那么，为什么宋朝会采取这样的策略呢？这还要从宋太祖赵匡胤登基开始说起。因为赵匡胤本来是隋朝的大将，通过“陈桥兵变”而夺得天下，后来总是忧虑老部下功高震主，又来了一出“杯酒释兵权”，收回了将领们的军权。这样的举措只有一个解释，那就是宋太祖非常担心手下人的军权过重，会导致“陈桥兵变”的再一次发生。因此宋太祖在位期间，一直非常努力地削减军事力量。

唐朝时，由于宦官掌权，控制了军队，后来竟然发展到皇帝控制不了军队的地步，而到了唐朝中后期，宦官甚至能够左右皇帝的废立。皇室衰微，禁军多为藩镇军队，因此才上演了一出出大将篡夺皇位的闹剧。到了北宋，宋太祖赵匡胤为了防止再次出现权力危机，根据宰相赵普的建议进行了权力改革，收回节度使的军权，将原本屯兵各地隶属节度使指挥的兵马都选调到京城，由中央统一指挥。这一模式在后来逐渐发展成为宋代的“禁军”制度。这一举措让宋太祖非常安心，可是不久之后，他又有了新的烦恼：禁军如此强大，万一哪天失去控制，自己岂不是更危险？

为此，宋太祖可谓绞尽脑汁，想出了新的解决方法：他先是将禁军分为两部分，一部分由殿前都指挥使司率领，另一部分由侍卫亲军马步军都指挥使司率领。后来，他又把后者分为马军司和步军司两部分。到此，禁军被分割为三部分，分由三个衙门统率，因此又被称为“三衙”。在这个过程中禁军实力逐渐强大，皇帝也意识到另外一个严重的问题：如果对于禁军控制不当，甚至会直接威胁到皇权乃至自己的生命。因此，皇帝将禁军主要布置于开封府界内，平时作为天子卫兵守卫京师，一旦地方有事则出发应变，达到内外相制的兵力平衡。

不过，即便是采取了“分而治之”的方法，宋太祖还是不放心，他更进一步地想出了“兵将分离”的点子，把军队的调动权从三衙手中拿走，交给了文官主持的枢密院，也就是说禁军统领可以指挥禁军，但是调动军队时却需要文官的批准。此外，宋太祖还安排禁军各军轮番前往守卫边防重镇和一些内郡要地，既减轻了京师的负担，又削弱了禁军对于中央政权的威胁。这些举措看似奇葩，实则反映出了宋朝统治者以文制武、重文轻武、权归中央的治国思想。

如果说禁军是宋朝的中央常备军，那么禁军之外的厢军和乡兵则是“地方常备军”，主要用于维持地方治安。不过，通常厢军和乡兵中的精锐会被抽调到禁军，剩下的都是些老弱病残，平时又疏于训练，所以很多时候他们被派去修筑城池、制造武器和充当官府劳役等，根本就没有什么战斗力。

其实，许多封建时代的皇帝都会有这样的想法：军队并非实力越强越好，关键在于能否控制，如果军队太强大以至于皇帝无法控制，那就成了灾难。而对于宋朝的皇帝们来说，只要自己控制的军队足以镇压地方小规模的叛乱，就可以安心地待在皇宫了。也正是这样的思想，导致了宋朝强干弱枝的禁军、厢军制度。这也从一个侧面体现了北宋王朝重文轻武的趋势，这种趋势随着禁军的日益腐朽最终导致宋王朝不堪一击，备受西北游牧民族的侵扰，并最终走向灭亡。

清朝的八旗与绿营

清朝在努尔哈赤起兵时，所属的女真部落尚处于奴隶社会的初级阶段，作为游牧民族，他们的经济文化非常落后。努尔哈赤在征战过程中曾经多次游历北京和内地，对于汉文化的了解较深，他结合汉文化中的军事思想，在女真“牛录制”的基础上发展出四旗制，后来又进一步扩展为八旗，即后世所称的“满洲八旗”，而入关之后的满人也因此被称为旗人。

“牛录”是女真族的军队单位之一，女真族人人从军，几乎是举族皆兵。最早的八旗制度规定以300人为一牛录，设一个统领，称为“牛录额真”，也称佐领；以五牛录为一甲喇，设一甲喇额真，也称参领；以五甲喇为一固山，也就是旗，旗内设一固山额真，后来改称都统。为了区别和指挥，努尔哈赤规定了各旗旗帜，分别为正黄、正白、正红、正蓝、镶黄、镶白、镶红、镶蓝“八旗”。在这八旗之中，又规定以镶黄、正黄、正白为“上三旗”，也称“内务府三旗”，

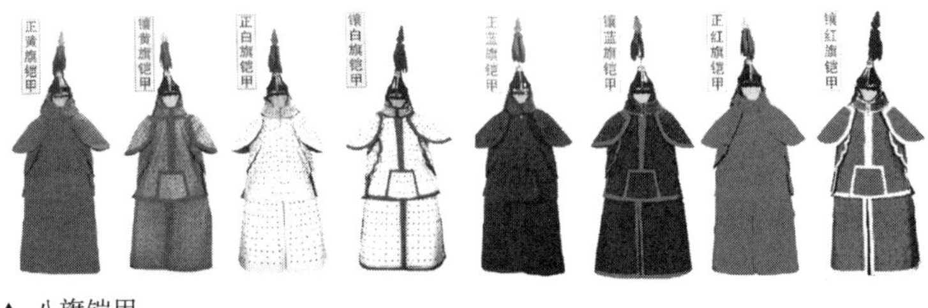

▲ 八旗铠甲

居于皇城以内，负责保护皇城的安全。其余五旗为“下五旗”，主要负责驻守京师和各地。为了掌握军政大权，努尔哈赤指定子侄亲信分统各旗，称为“固山贝勒”。固山贝勒是本旗的所有者，又是各本旗的最高军事统帅。

清军入关前，八旗兵平时生产，战时出征，可谓兵农合一。入关之后，八旗兵不再从事生产，并进一步分为京营八旗和驻防八旗，军队不再归旗主私有。公元1626年以后，努尔哈赤之子皇太极继位，并于10年后称帝，建立清朝，同时改女真为满洲，简称满族。皇太极又先后增编了“汉军八旗”和“蒙古八旗”，它们与满洲八旗并列，共同构成了清朝的八旗制度。

在八旗之外，清朝皇帝又仿照明朝的卫所制度于各省分别组建军队，士兵大都是汉人，为了加以区分，以绿旗为标志，因此各省汉军又称绿旗兵，俗称绿营，分别由各省总督、巡抚和提督直接指挥。清朝中期以前，整个国家的国防军队就由八旗军和绿营兵组成，其中八旗军由中央直接指挥，绿营则归各地督抚统领。在这样的架构中，皇帝的意图十分明显，就是要以八旗监督绿营，不仅如此，八旗兵薪饷和武器装备都优于绿营兵，这也是政治上的民族歧视政策在军制上的直接反映。

据记载，康熙平定三藩之乱时，所派旗兵、绿营人数多达40万。而云、贵地区多山，绿营步兵因为熟悉环境，所向披靡，在平定三藩之乱的过程中立下显赫战功。平定大乱之后，绿营和八旗渐渐失去了斗志，陷入骄奢淫逸的泥淖，不仅全无战斗力，甚至没有了生气，以致清末被嘲笑为“双枪兵”，一只手烟枪，另一只手洋枪。再后来，经过太平军的打击之后，原本骁勇善战的绿营和八旗竟一蹶不振，逐渐被新崛起的湘军、淮军和北洋军阀所代替。

明清时期的内阁与军机处

早在明朝朱元璋时期，就废除了丞相制度，永不设丞相一职。朱元璋这么做，意在防止丞相权力过大，威胁到皇权和统治。这么做虽然有助于权力的掌控，但带来的弊端就是所有大小事务都要皇帝来拍板，忙不过来了。

根据记录，朱元璋废除丞相之后，平时平均每天要阅读200多份奏章，处理400多桩政事，把它们算到一起，将近700件，假如两分钟能处理一件，需要1400分钟，已经将近24小时了，相当于一天不吃不喝不睡觉……这样的工作量也太惊人了。于是没多久朱元璋就顶不住了，他先是挑选了四位德高望重的饱学之士，任命为四辅官，来帮助自己处理政事。后来还是忙不过来，就又设立了殿阁大学士，从翰林院中选择一批有学识、有能力的大臣作为殿阁大学士，在今天看来有点“智囊团”的意思，让智囊团来帮助自己处理国家大事。

朱元璋时期，由于他对权力的把控极为苛刻，因此即便有了殿阁大学士作为智囊团，但主要的政务还是由朱元璋一人处理，智囊团只是提供建议和参考。而到了明成祖朱棣时期，进一步改进了这一辅政模式。朱棣即位还不到一个月，就安排了解缙、黄淮、胡广、杨荣、杨士奇、金幼孜、胡俨七人进入翰林院，专门安排在文渊阁中，帮助自己处理政务。这可以说是明朝内阁制度的雏形。

那么，什么是内阁制度呢？内阁制度就是皇帝身边有专门的一个部门来代替原来丞相的职责，帮助皇帝处理国家大事。文渊阁里这些负责参谋的“大学士”，虽然品级只有五品，类似今天的秘书，其实却开始担起丞相的工作内容，大明朝的内阁制度从此开始建立。

据说当时朱棣非常看重这个部门，曾亲自设宴招待这七位大学士，又另外安排皇后亲自宴请他们的妻子。在宴席上，朱棣对解缙等七人说，你们的官职虽然只有五品，但是在文渊阁帮朕处理国家大事，你们的职责对于国家是非常重要的，一定要尽职尽责，不遗余力。

到了明宣宗在位时期，内阁制度进一步发生变化，地位得到进一步提高。在当时，内阁大学士有权组建自己的秘书班子来协助工作，秘书人选由内阁大学士全权决定。这样一来，内阁人员进一步增加，在处理朝政大事上发挥出更加重要的作用。除此之外，内阁制度在明宣宗时期还有一个更重大的变化，就是内阁有了“票拟

▲ 故宫文渊阁

权”，说白了就是有权直接代替皇帝批阅奏章。所有的国家大事，不必皇帝本人亲自过目和做决定，而是先交给内阁，内阁成员拿出处理意见，随后把处理意见送给皇帝来审阅，这样一来，内阁的权力已经可以跟皇帝相提并论了，在维持国家管理机构运转的过程中被放到了最核心的部位，相当于一个人的心脏，其重要性不言而喻。

明宣宗执政的10年间，明朝的内阁因为有三个人的存在而形成了一个强大的内阁团队，这就是赫赫有名的“三杨内阁”。所谓三杨，即杨荣、杨溥、杨士奇这三位重臣。其中杨士奇是朱元璋时期的老臣，杨荣、杨溥则是建文时期的臣子，他们在朱棣时期得到重用，此后在明仁宗和明宣宗时期，都是内阁的核心人物。尤其是明宣宗时期，由于明宣宗对他们非常信任，国家大事很大程度上是由这“三杨内阁”来处理的。

那么，明宣宗与“三杨内阁”的运转磨合为何能如此高效顺畅呢？这与几个人的性格特点密不可分。杨士奇精通谋划、为人宽厚，因为年龄和资历的关系，是三杨之中的核心人物，在出现争端和矛盾时经常扮演调停者的角色。杨溥学问精深，为人非常低调，但执行力超强，办事井井有条，从不懈怠，是三人中当之无愧的“行动派”。杨荣则精通军务管理，且为人果断，遇事善于拍板定调。虽然这三人平时也偶有矛盾，但总体还算和谐，更何况三人之上还有一个更大的调停者明宣宗，始终能够把三人紧密团结在一起，拿出各自的本领，共同处理国家大事。可以说仁宣盛世的10年，与这三人的齐心协力、密切合作是分不开的。

明宣宗去世之后，由于继位的明英宗只有九岁，他的祖母，也就是诚孝张皇后，把辅佐小皇帝执政的重担交给了“三杨内阁”。至此，“三杨内阁”的重要性进一步得到提高，实际上成了朝政的主宰者，整个大明王朝的运转都要依赖这三位内阁大臣。因此，后人将仁宣之治一直到明英宗继位初期国家稳定、朝政清明的现象，都归功于“三杨内阁”，而明朝的内阁制度也从此固定下来。

纵观整个明朝，内阁从权力和地位上而言，基本上就相当于前朝的丞相一职，同样也存在着威胁皇权的弊端。因此，到了清朝初期，虽沿用内阁制，但内阁的实权却大不如前，几乎形同虚设。到雍正时期，为了省去中间环节，更加迅速而机密地处理政务，又设立了军机处。通常由三品、四品以上大臣充任军机大臣，草拟文件，处理政务，随侍皇帝左右，直接听命于皇帝。相对于内阁制，军机处不是一个独立正式的部门，没有独立性，军机大臣绝对听命于皇帝，没有丝毫独立行动和决策的权力。这也就避免了威胁皇权的弊端，便于皇帝掌握实权。这对于雍正皇帝掌握实权、避免大臣分权有着很大的帮助，也正是这个原因，军机处制度一直为此后历代清朝皇帝所沿用。

“皇帝”的称呼

秦始皇统一六国之后，认为自己的功绩已经大过三皇五帝，因此称为“皇帝”，加上自己是有史以来的第一个皇帝，所以应该称为“始皇帝”，子孙后代世世相传，二世、三世至万世以至无穷。“皇帝”这个称号的确立，代表了古代帝王在称呼上神化自己的想法和愿望。此后各朝各代又有许多帝王偶尔“脑洞大开”想出一些新的花样，但都摆脱不出秦始皇创立的这个框框。

在秦始皇之前，是没有“皇帝”这个称谓的，夏、商、周的君主认为：天犹皇帝之父，地犹皇帝之母，皇帝即天地之子，替天行道统治天下，因此国君就称为“天子”。秦始皇在创立了“皇帝”的称号以后，仍然保留了“天子”的称号。除此之外，皇帝自称“朕”，谦称“寡人”，也都是从秦始皇开始的。

除此之外，皇帝自我称呼的第一人称，他人称呼的第二人称，以及史官记录时的第三人称、去世之后的称号，都有着诸多讲究，所以古代皇帝的称呼今天表面上看起来就有些混乱，我们不妨从各个角度来了解一下。

我们首先来了解“年号”这个概念。自汉武帝开始，皇帝开始使用年号，汉武帝即位第一年，年号为“建元”，之后每隔六年改元一次，一共使用了建元、元光、元朔、元狩、元鼎、元封六个年号；再往后，就突然每隔四年改元一次，一共使用了太初、天汉、太始、征和等。也就是说，汉武帝在位期间使用过的年号超过10个，看来汉武帝确实是一位喜欢更新年号的皇帝。而从那以后，每逢新君即位均更改年号，称“改元”。

但是“年号”这个东西，更改间隔没有一定的规律，全凭皇帝个人心情，此后历朝皇帝年号使用时间不等，有数年的，甚至有达几十年的。到了明代，可能是开国皇帝朱元璋这个人不太喜欢麻烦，于是在位期间只用一个年号，从此这条不成文的规定就沿用下来，一直到清朝都是一个皇帝一个年号（明英宗除外），给后世的史学家和学历史课的学生们省去了很多麻烦。

从唐代李世民起，也不知道是出于什么心理，皇帝又开始使用“尊号”。不过这个“尊号”相比之前皇帝的一些称号就显得有些浮夸，因为史学家们发现唐代的皇帝们有点滥用尊号的爱好，不管皇帝是圣明君主，还是迂腐昏君，乃至荒淫残暴，都可以加上“大圣大德”的尊号，并且喜欢把尊号取得越来越长。比如唐太宗李世民尊号为“文武大圣大广孝皇帝”，字面上就能读出浓浓的“自恋”味道，当然以唐太宗的功绩和历史地位来说，他完全有资格取这个尊号。可是到了唐懿宗时，明明在百姓和后人口中的评价差到了极点，在位期间大量任用奸佞小人，迫害贤臣，乃至天怒人怨，却依然拥有“睿文英武明德至仁大圣广孝皇帝”这样的生前尊号，用“恬不知耻”来形容他，是再合适不过了。

到了清代，皇帝们对于尊号的爱好尤甚于唐代，在取名的长度上甚至有过之而无不及。如清圣祖康熙的尊号竟然有23个字，为“合天弘运文武睿哲恭俭宽裕孝敬诚信中和功德大成仁”。在今天的我们看来这简直是匪夷所思，除了增加历史考试的难度似乎没有别的任何意义；在当时堆砌这么一大堆华丽辞藻，除了为皇帝歌功颂德，美化、神化和拍皇帝的马屁之外，也没有任何实际的意义。

说完了皇帝生前的称呼，我们接着来了解一下“谥号”和“庙号”，这两个称呼都是死后才有的，一个用于评价功过，一个用于祭礼。

谥号通常是根据历代帝王生前事迹、功过等给予的一种评价性质的称号，相传最早为周公所创，在春秋战国时期，诸侯之中都广泛地使用谥号。到了秦始皇时，一统天下的嬴政认为谥号评价的意味太浓，相当于皇帝死后让儿子议论父亲、让臣子议论皇帝，有悖封建礼法，于是就废除了谥号。后来到了汉代，谥号才又恢复并一直沿用下来。

对于皇帝有评价性质的谥号，大致可以分为褒扬、批评和同情三种。表扬皇帝功劳的有：雄才大略为“文”，政治清明为“景”，体恤百姓为“惠”。表示批评和负面评价的有：荒唐乱来为“灵”，不尊礼法为“炀”，暴虐杀戮为“厉”。此外还有表示同情的谥号：无为短寿为“哀”，慈悲早逝为“怀”，内忧外患为“愍”。

这些字面的意思一了解，很多帝王死后的谥号就一目了然了。比如汉高祖之子汉惠帝即位后，朝政被吕后把持，惠帝又为人柔弱，无法掌控国家大事，不过，吕后虽然任人唯亲被后人所诟病，但基本上还是做到了政治清明、与民休息，大体沿袭了汉高祖无为而治的政策，让国家得到了很好的发展，所以后来皇帝的谥号定为“惠”，史称汉惠帝。此后两朝国泰民安、百姓富足，继任的两位皇帝的评价也相当高，因此先后谥为文、景，即汉文帝、汉景帝，这正是历史上所说的“文景之治”。

这样的例子还有许多，比如东汉灵帝时，虽然朝政昏乱、宦官专权，但总体来说没有造成太大的动乱，所以谥号为“灵”。隋炀帝杨广是出了名地奢侈荒淫，穷兵黩武，他在位期间礼仪不存，所以谥号为“炀”。周厉王不许大臣进谏，严禁人民议论国事，杀害无辜，因此被谥为“厉”。表示同情的如西晋怀帝、愍帝与东晋哀帝，这几位皇帝都是继位的时候年龄很小，虽然没有什么政绩，基本上被大臣们架空，但后世还是表以同情，给他们谥号为“怀”“愍”“哀”。

除了谥号之外，子孙后代还会给去世的帝王设立宗庙，在宗庙祭祀的时候，需要给皇帝追尊一个称号，称为庙号。自商代开始，皇室已经开始有这个习俗，如太甲去世之后，庙号为太宗，武丁的庙号为高宗。按照封建礼法规定，各朝第一代皇帝的庙号通常称为“祖”，比如太祖、高祖、世祖等，自第二代开始，则一般称为“宗”，比如太宗、世宗、穆宗等。

高祖刘邦的全号是“汉太祖高皇帝”，其中“太祖”为庙号，“高”为谥号，这样一来既有谥号，又有庙号，才算是完整的称谓。而之后汉文帝刘恒的全号是“汉太宗孝文皇帝”，汉武帝刘彻的全号是“汉世宗孝武皇帝”，等等。不过，从明、清时期开始，皇帝死后庙号的排列较以前有所变化，非第一代皇帝也有称“祖”的，比如明成祖朱棣，他实际上是第三代皇帝，但庙号却是“明成祖”，而清朝的顺治皇帝虽然并非开国之君，但庙号也取名为“清世祖”。

了解了“谥号”和“庙号”之后，许多人会觉得史学家们在记录皇帝时会不会觉得麻烦和不方便呢？实际上，史书在记载时一般都会定一个约定俗成的规矩。在唐朝以前，史书中记载皇帝一般用谥号，如汉武帝、隋炀帝等，因为在这一时期，谥号都能简明扼要地反映出皇帝一生的功过得失；到了唐代以后，则习惯使用庙号，如唐太宗、宋太祖等；而到了明、清以后，由于谥号和庙号的使用规律较之前已经变得不那么严谨，因此史学家们转而使用年号来记载皇帝，因为在当时一个皇帝在位期间通常只使用一个年号，记载起来更方便明了，因此明、清的史学家们就不约而同地开始使用年号来代表皇帝，如万历、康熙、雍正，大家所熟知的其实是他们的年号，其他诸如庙号、谥号和尊号一类的称谓反倒被忽视了。

谁是宰相

了解了皇帝的称呼之后，我们再来了解一下另一个重要官职的称号：宰相。

“宰相”这个称呼在各种史书和影视剧中相当常见，但是细心一点就会发觉：历代对于皇帝手下这个“一人之下，万人之上”的官职，有着各种各样不同的称呼，比如有时候是丞相，有时候叫宰相，有时候又成了相国，久而久之，使得许多人以为这些名头只是同一个职位的不同称呼而已。事实上并非如此，“宰相”这个称谓其实并不是实际的官职，只是对位于一人之下、万人之上辅佐皇帝处理军国大事大臣的泛称，与“丞相”“相国”这样的官职名称有着本质上的区别。在大多数情况下，“丞相”“相国”是实实在在的官职，当这个职位上的人掌握实权时，就等于宰相；反之就只是一个地位虽高却无实际职务的虚衔罢了。

自从秦始皇确立了中国封建王朝的三公九卿制度，一直到汉朝以后逐步得到完善，“丞相”这个职位一直掌握军国大权，位在一人之下、万人之上。而到了吕后掌权时，另外增加了一个丞相职位，分别称左丞相和右丞相，以右为尊，左丞相主要担任辅助的任务，这样的做法是为了分割丞相权力，使之互相牵制、彼此监视，无形中就加强了皇权，这也从侧面反映了皇权和相权激烈竞争的历史事实。

到了汉武帝时期，由于汉武帝好大喜功，对权力有着极大的欲望，无法容忍地位尊崇的丞相在下面约束他的行为举止。于是他召集了一批有学问的贤良之士，任命为尚书，日常随侍左右，帮助起草诏令，一同商议国家大事。这样一来，权力的天平渐渐倾斜到地位低微的尚书身上，而地位更高的丞相在权力上却完全被架空，成了摆设。到了东汉，丞相的地位就更惨了，皇帝成立了“尚书台”这个机构，专门负责起草诏令、决策军国大事，大臣要参与管理决策国家大事，必须加入尚书台，反倒是没有丞相什么事了，这个时候的“宰相”大体上指的是那些加上“录尚书事”衔的大臣。

再往后到了唐朝，皇帝治理国家的方式又有了很大的变化，开始建立起完善的三省六部制，即首先由中书省负责决策，接着交给门下省审议决策，如果审议通不过，门下省有权直接驳回中书省的决策；如果审议通过，则交由尚书省负责执行。这三个部门都是参与决策的重要机构，彼此合作又互相牵制，因此在唐代，“中书省”“门下省”“尚书省”这三个部门的老大、老二，都可称为宰相。他们共同又组成一个议事机构，实行决策的最高权力。也就是说，在唐代，皇帝手下会有一群宰相。

那么，既然有这么多宰相，在决策议政时如何运作呢？自然也要分出决策的等级和地位，即选出一个可以最终拍板的人作为首领，称为宰辅，这种从一个宰相到多个宰相的制度进化，从根本上避免了一人专权独断的局面，也是历史的进步。

宋、元朝时，左、右丞相由中书省的长官担任，其助手参知政事则为副相，所有的参政议政权力集中到了中书省。到了朱元璋建立明朝时，治国之初仍然沿用元朝的制度，设丞相一职，辅助治国。可是朱元璋这个人比较强势，不喜欢治国权力被分享的感觉，于是借胡惟庸阴谋作乱之机，彻底废除了“丞相”这个职位，并且留下训诫：子孙后代永不再设丞相一职。至此，丞相作为官职的历史正式画上了句号。

但是所有的国家大事都靠皇帝一人决策也不行啊，到了朱元璋的继任者明成祖朱棣这里，设置了内阁来帮助皇帝处理政事，内阁制度日渐成熟。到了明朝中期，内阁大学士之首称为首辅，渐为百官之首。

历代宰相称呼的变化，也是一部皇权分化史，从中可以看出皇帝对于治国权力的态度。首先作为皇帝，好不容易得了天下，自然想要将国家权力集于一身，但以一人之力治理天下，不免力不从心，于是就需要设立宰相来分走一部分权力，协助治国。可是时间久了，皇帝又觉得宰相分走的权力太多，于是废之，收回权力。可是收回之后，皇帝又会觉得一个人忙不过来，还要想方设法地再另外设立一个部门来代替宰相，比如东汉的尚书台，以及魏晋的中书省、门下省，还有后来的内阁学士、南书房、军机处等机构，大都是这种权力转移的结果。然而时间一久，宰相的权力不免又转移到这批人身上，也就是说，皇帝们这么兜兜转转折腾了一圈，即便是更换了官职名称、改变了人数，但不得不承认的一个事实就是宰相又回来了。

第四籍

文化典籍

十三经

清朝《四库全书总目》著录经部书籍1700余部，约2万卷，基本上全都是宣扬儒家思想的典籍，可谓浩如烟海。不过，2000年来，能够让绝大多数史学家都认可其学术价值的经典儒家著作却并不多，最初只有孔子所提出的《诗》《书》《礼》《乐》《易》《春秋》六部，后来逐渐发展为13部，就是史书中经常提到的“十三经”。

最初时，孔子所说“六经”中的《乐》早在战国后期即已失传，而且由于年代久远，这“六经”的作者早已不可考。自汉朝以来，有关这个问题就存在诸多争议，时至今日，大致形成了两种不同的观点，即“孔子著六经”和“周公著六经”。前者认为，“六经”都是孔子根据古代文献资料进行整理、编著而成的，“六经”的成书在孔子之后。而后者则认为，“六经”的作者是周公，孔子只是在其基础上对这些经典进行了修订，因此“六经”的成书在孔子之前。

虽然对于“六经”的作者和成书时间长久以来争论不休，但实际上，这两种意见都有片面之处。一方面有为了推崇孔子而硬说“六经”是孔子著作的嫌疑，而另一方面，虽然有文献表明在孔子之前确实存在有关于“六经”方面的著作，却并没有证据表明是周公著的。所以说，既然无法证实和证伪，那这样的争论还有什么意义呢，还不如把注意力放在“六经”本身的历史文献价值上。

到了汉武帝时期，正式有了“五经”的说法，因为《乐》失传已久，人们普遍只知道《诗》《书》《礼》《易》《春秋》等五经。而到了东汉时期，由于统治者想要彰显“以孝治天下”的统治理念，因此又在“五经”之外增加了《论语》和《孝经》，这样一来，儒家的经典便从“五经”变为“七经”了。

又到了唐朝，在“七经”的基础上，官方所认可的儒家经典论著又开始有了“九经”之说，这就是《诗》《书》《易》《周礼》《仪礼》《礼记》《春秋公羊传》《春秋穀梁传》《春秋左氏传》九部经书。而《论语》和《孝经》虽然没有被算在内，但也是当时所有读书人的“必考课”，被称为“兼经”。后来到了唐文宗年间，朝廷又下令制作“开成石经”，选入了包括“九经”以及《论语》《孝经》的总共11部书，统称为“十一经”，这些经书刻石一直留存至今。

在唐朝之后的宋朝，理学家们认为《孟子》和《尔雅》的经学价值也非常高，因此把这两本书也列为经书。这样一来，原本儒家经典的“十一经”就变成了“十三经”，并从此固定下来，直到封建社会终结，再也没有变化。而在这“十三经”之中，人们把《周礼》《仪礼》《礼记》合称为“三礼”，把《春秋公羊传》《春秋穀梁传》《春秋左氏传》合称为“春秋三传”。

因为这“十三经”的年代不一，所著年代最早的已经过去了千百年，因此对于不同时期的人们来说，阅读起来难免有文字晦涩之感。出于这个原因，从汉代开始，文人们已经开始对这些经书进行注释，以便阅读和流传，这些注释被称为“注”或“笺”。可是到了唐、宋时期，人们渐渐对汉代的注释也看不明白了，在这种情况下，一些学者不仅对经传的正文作注解，而且对前人所作的旧注也进行了再一次的注解，这样的二次注解通常被称为“疏”或“正义”。到了南宋时期，人们把“十三经”以及比较好的注、笺、疏、正义整理集合，合并在一起，形成一整套经书以及注释，以便阅读和理解，这样的合集就称为《十三经注疏》。这十三部经书的注疏作者分别如下：

《周易》 魏王弼、韩康伯注，唐孔颖达等正义；

《尚书》 汉孔安国传，唐孔颖达等正义；

《诗经》 西汉毛亨传，东汉郑玄笺，唐孔颖达等正义；

《周礼》 东汉郑玄注，唐贾公彦疏；

《仪礼》 东汉郑玄注，唐贾公彦疏；

《礼记》 东汉郑玄注，唐孔颖达等正义；

《春秋公羊传》 汉何休注，唐徐彦疏；

《春秋穀梁传》 晋范宁注，唐杨士勋疏；

《春秋左氏传》 晋杜预注，唐孔颖达等正义；

《论语》 魏何晏集解，宋邢昺疏；

《孝经》 唐玄宗注，宋邢昺疏；

《孟子》 汉赵岐注，宋孙奭疏；

《尔雅》 晋郭璞注，宋邢昺疏。

四书五经

在中国，只要谈到传统文化，就无法避开“四书五经”。南宋时期，著名理学家朱熹整理、合并了传统儒家经典中的“四书”与“五经”，即《大学》《论语》《孟子》《中庸》，以及《诗经》《尚书》《礼记》《周易》《春秋》这五部经典著作，统称“四书五经”。

特别要提到的是，《大学》原本是《礼记》中的一篇，因为朱熹非常欣赏它的内容，而且还认为《大学》作为孔子及其门徒留下来的著作，可以说是儒学的入门读物。因此在他撰《四书章句集注》时，把它从《礼记》中抽出来，与《论语》《孟子》《中庸》相提并论，便成了“四书”之一，还把它列为“四书”之首。

《中庸》最早同样也是《礼记》中的一篇，一般认为它的作者是孔子的孙子子思。孔子去世后，儒家分为八派，从师承关系来看子思是曾子的学生，是孟子的老师，因此后人把子思和孟子看成一派，而且从《中庸》和《孟子》中所透露出的思想和主张来看，也大体上是大同小异。也正是这个原因，才有了“思孟学派”的说法。后世人们因此而尊称子思为“述圣”。不过，如今我们读到的《中庸》，已不同于《大学》，而是经过秦代儒者的修改和删减，并非当初子思的原文，仅保留了最核心的思想，可谓“去皮而存骨”。

说到《论语》就要提到孔子。孔子名丘，字仲尼。春秋时期鲁国陬邑昌平乡人。他是我国古代伟大的思想家、教育家和理论政治家，是享誉全球的文化名人之一。作为儒家学派的创始人，孔子被后人广为推崇，相传孔子曾主持编修了《诗》《书》，订《礼》《乐》，还为《周易》作序，并撰写了《春秋》。后人把孔子的言行语录记录结集，作成《论语》。孔子被中国人尊称“至圣先师，万世师表”，一生致力于传道、授业、解惑，被后世人们广为传颂。

《孟子》是记载孟子言行的一部书。孟子又叫孟轲，是战国时期著名的思想家、教育家。孟子继承了孔子的儒家学说，孔子创立的儒家文化推崇“仁”的思想，讲求“仁者爱人”。但是孟子与孔子在对“仁”这个字的理解上却有着不同的看法，在主张上也与孔子有所区别。孟子晚年与弟子万章等人整理《诗经》《书经》，阐发孔子的儒家思想学说，写成《孟子》一书，共七篇，后世将《孟子》与《论语》《大学》《中庸》一起，并称“四书”，给予孟子思想学术地位极高的肯定。

而“五经”的说法则历经了各个朝代不同的归纳和整理。先秦时，儒家本有“六经”，《诗经》《尚书》《仪礼》《乐经》《周易》《春秋》。秦始皇“焚书坑儒”之后，许多珍贵的典籍就此失传，其中就有《乐经》。后来历代又有许多著作进入“经”的行列，最终成了“十三经”。

从历史发展的角度来说，汉、唐是“五经”时代，宋后是“四书”时代。宋代的朱熹著《四书章句集注》，是后人对前人著作的注解，具有划时代意义。

《周易》也称《易》《易经》，是占卜之书，被列为儒家经典之首。《周易》作者是筮官，据史学家考证，应该是经多人完成。其阐述的内容晦涩神秘，而内蕴的哲理至深至宏，时至今日在全世界范围内都拥有众多研究者。

中国有句成语叫作“饱读诗书”，其中的“诗书”二字指的就是《诗经》和《尚书》。其中的《尚书》古时称《书》或者《书经》，汉朝时正式称为《尚书》，作者不详，据说是古时的史官，具体内容上起传说中的尧舜时代，下至东周（春秋中期），共1500多年，是古代帝王的文告和君臣谈话内容的记录，也是我国古代最早的一部历史文献汇编。《诗经》是西周初至春秋中期500多年间的诗歌集，内分《风》《雅》《颂》三部分，《风》为土风歌谣，《雅》为西周王畿的正声雅乐，《颂》为上层社会宗庙祭祀的舞曲歌词，先秦时称之为《诗》或《诗三百》。《诗经》是中国第一本诗歌集，汇集了诗歌305篇，不仅具有极高的艺术价值，而且具有极高的社会研究价值。

如今我们所了解的《礼记》是西汉礼学家戴圣选编的49篇，叫《小戴礼记》，通常称赞一个人“知书达礼”，其实“书”“礼”分别指《尚书》和《礼记》。而实际上，《仪礼》最早是战国到秦汉年间儒家学者解释说明经书的文章选集，是一部儒家思想的资料汇编，与今天的《礼记》是有区别的。

《左传》与《公羊传》《穀梁传》合称“春秋三传”，相传成书于春秋末年，是鲁国的左丘明为《春秋》作注解的一部史书。《左传》是中国第一部叙事详细的编年体史书，文辞优美，可读性极强，取材范围包括了王室档案、鲁史策书、诸侯国史等；作者为春秋时期左丘明，但也有史学家认为其应该是鲁国历代史官编写而成。

春秋三传

传统“四书五经”中的“五经”本来是把《春秋》包括在内的，但由于《春秋》成书较早，言辞隐晦，很不好理解，给后人的学习带来诸多不便。为了更好地表现《春秋》经文的内容大义，后世的很多学者为其著文诠释，以补原书之不足。仅仅在汉代，为《春秋》作注解的就有五种书。后来《邹氏传》11卷、《夹氏传》11卷失传，只有《左氏传》《公羊传》《穀梁传》保存到了今天，被称为“春秋三传”。

《左氏传》又称《左传》，也叫《春秋左氏传》或《左氏春秋》，内容大部分是述《春秋》经文重要史事的过程，时间跨度从鲁隐公元年（前722）到鲁悼公四年（前463），也有说到鲁悼公十四年（前453）的，所记鲁国君主为13位，比《春秋》多一位。《左传》属于编年纪事体，内容丰富，文字翔实，是难得的史料著作。因为史料的遗失，《左传》的作者是谁今天已不可考。汉代的史家司马迁和班固都认为《左传》的作者是与孔子同时代的鲁国史官左丘明，而《汉书·艺文志》中也有着这样的记载：左丘明用事实来补订《春秋》，写成《左氏传》，是担心弟子们“各安其意，以失其真”，无法完全理解书中的意思。到了清代，经学家们则认为《左传》的作者并非左丘明，而是刘歆托名改编。而近现代的史学家们经过严密考证，普遍认为《左传》很可能是多人协作根据各国史料共同编纂完成的，成书于战国初年。

相对于原作《春秋》,《左传》传文注释内容与经文内容也有一定程度的出入，或经文有而传文缺，或传文有而经文无。具体来说,《左传》不再采用《春秋》流水账式的记史方法，不仅仅记鲁国一国的史实，而且还兼记各国历史；不但记载当时发生的政治大事，还广泛涉及社会各个领域的细枝末节；而且在记载的过程中旁征博引，极具说服力。从这个角度而言,《左传》可以说是补充并丰富了《春秋》的内容。比如,《左传》中生动翔实地记载了春秋时的几次大的战役：齐楚召陵（郾城）之战（鲁僖公四年，前656）、晋楚城濮（濮县）之战（鲁僖公二十八年，前632）、秦晋崤（陕县）之战（鲁僖公三十三年，前627）、晋楚邲（郑县）之战（鲁宣公十二年，前597）、晋楚鄢陵之战（鲁成公十六年，前575），又如鲁昭公二十六年（前516）王子朝告诸侯之事等。这些原本《春秋》中没有的内容，为研究春秋时大国争霸的历史提供了宝贵的史料，大大提高了《左传》的史料价值。鉴于此，后人认为《左传》在史料和文字价值上也远远超过《春秋》，虽是出于注释《春秋》而作，但完全可以独立称为史书，在编年体例上比《春秋》完备，是研究春秋史的宝贵参考书，因此称其为《左氏春秋》。

《公羊传》又称《春秋公羊传》《公羊春秋》，儒家经典之一。记录的史料上起鲁隐公元年（前722），止于鲁哀公十四年（前481），与《春秋》起讫时间相同。相传其作者为子夏的弟子、战国时齐人公羊高。

《公羊传》一开始只是口说流传，在西汉景帝时，由玄孙公羊寿与胡母生（子都）一起“著于竹帛”，才正式成书。《公羊传》这本书也有许多史家为其作注解，有东汉何休撰《春秋公羊解诂》、唐朝徐彦作《公羊传疏》、清朝陈立撰《公羊义疏》。

《穀梁传》体裁与《公羊传》相似，也叫《春秋穀梁传》《穀梁春秋》，为儒家经典之一。起于鲁隐公元年（前722），终于鲁哀公十四年（前481）。相传其作者是子夏的弟子，战国时鲁人穀梁赤。起初也为口头传授，至西汉时才成书。

《公羊传》与《穀梁传》这两本书由于重点并非在于历史事实的传注，而主要是阐释《春秋》之“大义”或“宗旨”，因此史料价值远不能与《左传》相提并论。虽然内容大同小异，但这两本书从经学的角度来看，还是各有所侧重的。《公羊传》主要侧重于宣扬儒家思想中对于大是大非的坚持和褒扬，很显然，这是在为强化中央专制集权和“大一统”服务。而《穀梁传》则着重宣扬儒家思想中礼义教化和宗法情谊的方面，这些内容不仅可以缓和统治集团的内部矛盾，还能够稳定封建统治的长远利益，因而也受到统治阶级的极大重视。

《公羊传》与《穀梁传》是我们研究战国、秦、汉间儒家思想的重要资料，尤其是《公羊传》，尤为今文经学派所推崇，历代今文经学家都常用它作为议论政治的工具。

从文学价值来说，《春秋》与三传文学性极高，记事简明，行文有序，文字洗练，其文风对后世文学家、史学家影响非常大。《左传》在文学性方面较《春秋》又有了进一步增强，其文字可以用“优美生动”来形容，而且已经不局限于“记事”，而是用丰富的情节来塑造生动丰满的人物形象，可以说是文史并茂。唐代史学家刘知几在《史通》中称赞《左传》说：“其言简而要，其事详而博。”司马迁的《史记》和司马光的《资治通鉴》，无论是体裁还是手法均深受《左传》影响。

而从历史价值来说，在唐、宋两代，《左传》一直被定为“大经”，而《穀梁传》和《公羊传》在唐代被定为“小经”，到了宋代被定为“中经”。这三传与《春秋》一起，均被列入“十三经”中。此外，历代统治者都十分推崇《春秋》及三传，长期作为封建科举的考试内容。

白虎观会议

汉武帝时期，推行了罢黜百家、独尊儒术的政策，从那以后，儒家文化成了统治阶级倡导的主流文化，经历了空前丰富的发展和传播，同时流派也越来越多，内容越来越繁杂，甚至单独一部经书的注解就多达100多万字。在这样的情况下，无论是学者还是统治者，都觉得到了需要加以精简的地步。

汉宣帝甘露三年（前51），汉宣帝聚集儒生召开石渠阁会议，讨论了当时诸经各派分支太多、对经义的解释也各有差异的状况，初步统一了古今经学派内部的争执和意见分歧。西汉末年时，刘歆在皇家图书馆的密室中发现了古字体的《春秋左氏传》《毛诗》和《逸礼》，并且以此为依据，提出将其列于学官，认为对于经义的注释应以古文经为主，由此引发的今、古文派之争此消彼长，多年不休。

公元56年，东汉的光武帝热衷于图谶占卜等玄学，又进一步把儒家经义与谶纬占卜等神话玄学结合起来，在官方层面用来解释儒家经典，试图使圣人的教条与神灵的启示合二为一。这样一来，儒家经典与玄学占卜混为一谈，甚至把孔子变成了神人。

章帝建初四年（79），汉章帝召集大夫、博士、议郎、郎官和诸生，在白虎观讨论儒经异同，提议“五经”章句繁多，议欲省减。这次讨论由章帝亲自操刀裁定对错，决定取舍，由五官中郎将魏应和侍中淳于恭主持，一连讨论了好几个月，史称“白虎观会议”。

这次会议将《易》《诗》《书》《春秋》(包括各家的《序传》)《礼》《乐》《论语》《孝经》以及各种逸文和图书混合在一起，极尽其杂糅混合之能事，不仅综合了西汉以来今文经学的主要观点，也引入了古文经学和当时流行的谶纬之学的观点，形成类似“大杂烩”的产物，并且由古文经大师班固整理撰成《白虎通义》一书，简称《白虎通》。这次大会后，章帝命班固把讨论结果编成《白虎通义》作为官方典籍公布，以国家的力量促成了儒学经典与迷信的结合，影响深远。东汉灭亡以后，经学的研究越来越少，走向衰亡，但《白虎通义》中所体现出来的思想乃至具体的规定却产生了非常深远的影响，在后来的2000多年中为历代封建王朝所遵循和推崇。

二十五史

“二十五史”指的是中国历史上记载各朝各代历史的25种史书，即《史记》《汉书》《后汉书》《三国志》《晋书》《宋书》《南齐书》《梁书》《陈书》《魏书》《北齐书》《周书》《隋书》《南史》《北史》《旧唐书》《新唐书》《旧五代史》《新五代史》《宋史》《辽史》《金史》《元史》《明史》《清史稿》。

其中，人们把《史记》《汉书》《后汉书》《三国志》这四本史书合称“前四史”。明朝时期，把《元史》以及之前诸史称为“二十一史”。到了清朝乾隆年间，又把《明史》以及《旧唐书》并入其中，称为“二十二史”。再后来，有学者依据《永乐大典》等辑录，将早已散佚的《旧五代史》整理成书，经乾隆皇帝钦定，与“二十三史”合称“二十四史”，这些史书也就是过去传统史学领域中人们一直所说的“正史”。

在民国期间，设立了清史馆，由著名学者赵尔巽统稿，写成《清史稿》，“二十四史”从此就变成了“二十五史”。

从古到今，写史书有许多种体裁，自司马迁的《史记》开始，创立了纪传体，此种体裁以“本纪”和“列传”为主体。“本纪”按时间顺序记载重大事件，排列在全书之首，其内容主要是围绕帝王展开。而“列传”主要是相对普通的人物传记，在内容和数量上也远多于“本纪”。

在“二十五史”中，除了“本纪”和“列传”之外，《史记》中还有更详细的分类，比如“表”“书”“世家”等。顾名思义，“表”采用表格的形式，按一定的顺序，列出人物和事件。而“书”则专门记载各种典章制度，每一篇“书”都是一部专门的典章制度史。而那些子孙世袭的王侯封国历史，则用“世家”来记载。

《史记》

公元前99年，汉武帝派李陵带领5000步兵去攻打匈奴，李陵深入匈奴内部，遭遇了强敌，与比自己队伍多出好几倍的敌人激战，最终因寡不敌众而被俘投降。汉武帝一听李陵投降了，非常生气，汉朝的很多大臣也跟着吹风，说李陵是一个贪生怕死之辈，于是汉武帝便将李陵的妻儿老小全部关进监狱，说要诛灭他的九族。

这个时候，却有一个人站了出来，不顾群臣的聒噪，据理力争，为李陵求情，这个人就是司马迁。司马迁是史官之子，自幼酷爱读书，10岁时就通读了《左传》和《国语》等史书，20岁就开始到各地游历，足迹遍及中国的名山大川。公元前110年，司马迁的父亲去世了。三年后，司马迁继承了父亲的职位，成为汉朝的太史令，每日的工作就是整理史料，这也更有利于他构思自己的长篇巨著《史记》。

作为李陵的故交，司马迁看到李陵有难，便站出来为其辩护。他对汉武帝说："李陵只带了5000步兵，对抗敌军好几万的兵力，虽然失败，那已经是竭尽全力了，毕竟他让匈奴损失惨重，也算是给天下了一个交代。李陵之所以投降，一定是想作为内应，将功补过来答谢皇帝的。"谁知道司马迁这么一说，汉武帝更生气了，一气之下将司马迁打入监狱，还对他处以宫刑。

遭受了如此酷刑的司马迁，内心忍受着强烈的折磨，这简直是奇耻大辱，可为了写完自己梦想的《史记》，他决定活下去。其实，受刑以后，司马迁经常在生与死之间徘徊，死对于他来说是一种解脱，可《史记》尚未完成又怎能甘心？经过数个日日夜夜，他终于想通了。他想到了屈原遭人陷害排挤，满怀忠心却招致流放，最终写出了举世瞩目的长篇《离骚》；孙膑遭朋友庞涓背叛，被挖去了双腿的膝盖骨，却最终写成了巨著《孙膑兵法》，而自己比他们要幸运得多，又怎能放弃呢？因此，司马迁在监狱中以常人无法想象的毅力度过了三年，潜心构思自己的著作，出狱后被任命为中书令，继续进行《史记》的创作。历经13年，终于完成了《史记》这部历史巨著。

《史记》一书分为本纪、表、书、世家、列传五大部分。“本纪”是全书的总纲；“表”以年表形式，按照时间先后顺序，概括排列了各个历史时期人物所发生的事件；“书”则记载了各种典章制度的演变过程，以及当时天文历法的情况；“世家”则记录了周朝之后开国传世的诸侯故事，以及具有特殊地位的人物事迹；“列传”则更偏重于描写社会各个阶层代表人物事迹，其中有政治家、思想家、文学家、军事家、指挥家等。一部《史记》，将中国3000年的历史娓娓道来，风云人物、历史事件如电影一般伴随着他精妙的文字活灵活现地展现在人们的面前，以至于过去了千百年，它的地位依然难以替代，备受后人推崇。

《汉书》

班固生于东汉光武帝建武八年（32），字孟坚，扶风安陵人，他的父亲班彪也是著名史学家，曾写过《后传》65篇来续补《史记》。光武帝建武二十三年（47），16岁的班固到洛阳太学求学，后来写出了《世祖本纪》。在这本书中，他“撰功臣、平林、新市、公孙述事，作列传、载记二十八篇奏之”，轰动一时，人们纷纷争相传阅。

公元89年，班固作为车骑将军窦宪的随从一同出击匈奴，参与谋议。后来班固因事入狱，于公元92年死在狱中。那时《汉书》还没有完成，尚缺八表和《天文志》，皇帝召班固妹妹班昭前来补作，其中《天文志》由马续协助完成。班昭也因此成了“二十四史”中绝无仅有的女作者。

《汉书》包括本纪12篇、表8篇、志10篇、列传70篇，共100篇，被后人整理划分为120卷。基本上是在其父班彪所著《后传》的基础上创作而成的，内容主要从西汉建立开始，一直写到王莽篡汉。纵观班固一生，撰写《汉书》可以说是他最伟大的成就。

与司马迁的《史记》相比，《汉书》的体例已经发生了变化。前者是一部通史，《汉书》则属于断代史的范畴。从具体内容上来说，《汉书》中的“纪”“传”“志”与《史记》中的“本纪”“列传”“书”都是一一对应的。此外《汉书》中取消了“世家”，将原应编入世家的人物一律编入“传”。这些变化，被后来的一些史书沿袭下来。此外,《汉书》新增加了《刑法志》《五行志》《地理志》《艺文志》《百官公卿表》。

《汉书》是继《史记》之后中国古代的又一部重要史书，是“前四史”之一。从思想内容方面来说，班固受儒家思想影响很深，喜用古字古词，许多词汇晦涩难懂，大大影响了其阅读性，这也是《汉书》不如《史记》的地方。

百家争鸣

春秋战国时期，中原大地征战杀伐不断，群雄并起，似乎各个诸侯国都在忙于称霸。然而就是在这样的大环境下，中华大地迎来了第一次思想大解放。诸子百家的兴起造就了“百家争鸣”的学术盛宴，诸如老子、孔子、孟子这样的人才辈出，奠定了春秋战国时期在中国思想发展史上的重要地位。

因为在当时，周天子实行的是分封制，君主并没有绝对的大权，天下也并不是一个人说了算的。在这样的局面下，不同的诸侯国的人们就会产生不同的想法，发出不同的声音。因此，春秋战国时期虽然征战频繁，一片乱象，但人们的思想却空前活跃，产生了很多思想学术流派。比如，以孔子、老子、墨子为代表的三大哲学体系，以及诸子百家争鸣的繁荣局面，各种各样的政治和哲学思想仿佛雨后春笋一般破土而出。

还有一个重要原因就是在周代之前，基本上没有系统完整的史书留存，因此关于夏商的许多资料，都出自后世史书的记载，这是因为夏商时期文字资料的记录非常不便。我们可以想象，当时既没有纸，竹简也没有兴起，许多需要记载的东西都是用甲骨文写在龟壳和兽骨上，这大大限制了文字信息的储存和传播。到了春秋后期，大篆等文字的普及，以及竹简、木简等文字载体的出现，直接推动了文化和思想的传播。

到了春秋战国时期，对社会影响最大的有儒、墨、道、法几家。各派之间互相批评、相互斗争，这种思想上的碰撞和竞争贯穿春秋末至战国后期的数百年。而在这“百家”里，最引人注目的，自然就是孔子和孟子所代表的儒家思想。后世子孙恭恭敬敬尊崇的“孔夫子”可谓无人不知、无人不晓，而“亚圣”孟夫子也称得上是人人敬仰。

孔子一生致力于传道、授业、解惑，被中国人尊称“至圣先师，万世师表”，与孟子并称“孔孟”，他们的思想被并称为“孔孟之道”。孔子被尊为“至圣”，孟子为“亚圣”，曾子则为“宗圣”。被誉为“传世巨作”的《论语》，便是孔子的学生整理总结他的言论集合而成。

老子虽然名声不亚于孔子和孟子，但与孔孟“收徒三千”和“万世师表”不同，老子留给后世的只有一部区区5000字的《道德经》，然而就是这部《道德经》，被后世誉为“万经之王”，对中国哲学发展产生了极其深刻的影响。据说当年的孔子也曾数次向老子问礼、求道。

同为儒家学说继承者，战国末期出现了另一个与孟子的学说主张有所不同的人——荀子。荀子是赵国人，在儒家典籍的整理上有着相当大的贡献。他对儒家思想有了进一步的发展，尤其是在人性问题上，与孟子的“性善论”相反，提倡“性恶论”，否认天赋的道德观念，认为人的本性是“恶”，从而强调后天环境和教育对人的影响，也就是著名的“性恶论”。荀子在强调德治的同时，也清晰地认识到德治与法治应该放在同等的地位，它们之间是相辅相成的，这就是他“隆礼重法”的著名思想。在荀子看来，法律可以弥补许多道德“管不到”的人性灰暗面。荀子认为，人生来就有各种贪欲，“目好色，耳好声，口好味，心好利”，有欲必有争，因此主张“明礼义以化之，起法正以治之，重刑罚以禁之”，要发挥“礼义”的教化作用，用来教化生来不良的人性，同时还要用刑罚惩处性情恶劣之人。荀子在性恶论的基础上，把儒、法两家对立的政治主张结合起来，形成了自己独特的学术思想。

墨子，本名墨翟，相传是鲁国人，长期在宋国居住，是春秋战国时期著名的思想家、教育家、科学家、军事家和社会活动家。墨子曾师从于儒者，学习孔子的儒学，后来由于自己的许多观念与儒学不同，于是自立门户，创立了墨家学说，并提出“兼爱”“非攻”“尚贤”“尚同”“节用”“节葬”“非乐”“非命”“天志”“明鬼”的思想主张，提倡人人平等，反对抢掠战争，反对当时各个国家所热衷的兼并战争。

到了战国末期，出现了一位集法家思想之大成的厉害人物，他就是大名鼎鼎的荀子的学生，韩国贵族韩非子。韩非子的厉害之处在于：他在2000年前就提出了“法治社会”的概念，从某种意义上来说，法家学说也是现代法律的发源；除此之外，韩非子也是一个非常成功的教育家，他善于运用简单浅显的寓言故事来分析道理，说理精密，文锋犀利，议论透彻，切中要害，许多让人受益匪浅的成语都出自韩非子，例如“滥竽充数”“守株待兔”等。

而另一位法家学派代表人李斯，则凭借与韩非子如出一辙的法家主张，帮助秦王嬴政统一了六国，也让他迎来了自己的人生巅峰。

百家争鸣的文化潮流，带来了社会方方面面的改革和进步，在无休止的兼并战争中感受到危机的各个国家不约而同地展开了变法。改革家的纵横捭阖，战国七雄的你追我赶，给这个时代增添了另一种魅力，也带来了大量为后世传诵的典故，成了中国文化史上不可磨灭的一页。

《永乐大典》

明朝的开国皇帝朱元璋可以说是“马上皇帝”，自幼出身贫贱，没机会接受教育，即便后来当了皇帝，但终归是没什么文化，连许多圣旨都是用民间大白话写出来的。不过，就是这样一个“没文化”的皇帝，对于文化和教育却非常重视。朱元璋治理国家时，把衣食和教化作为两项最为紧迫的任务。他尊崇儒学、重教兴学、重视人才，这与他打天下时得到很多有才之士帮助的经历密不可分。

而到了明成祖朱棣时期，对于文化的重视有增无减，在他登基的头一年，就着手想要编纂一部能够包罗万象、涵盖古今世间一切知识的百科全书。当时朱棣吩咐下去的命令对于这本书是这样描述的：“包括宇宙之广大，统会古今之异同”，“凡书契以来经史子集百家之书，至于天文、地志、阴阳、医卜、僧道、技艺之言，备辑为一书”。

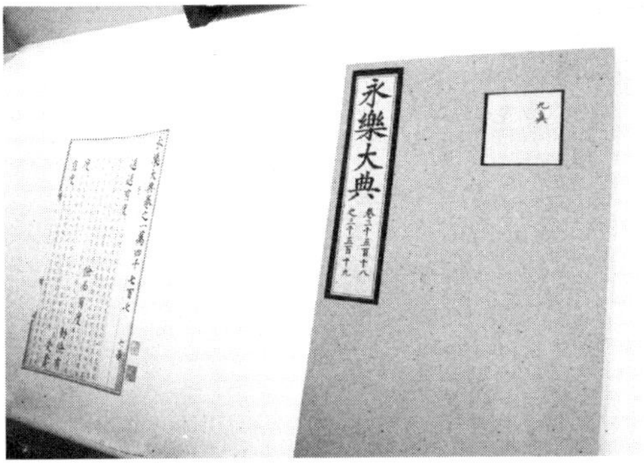

▲《永乐大典》

可见，朱棣是想要编写一本超级大百科全书，要知道在当时那个年代，文化信息的流动和传承方式是身处信息时代的我们所无法想象的，很多时候书籍的流动传承要靠人工手抄来解决。因此，明成祖朱棣的这一目标可以说是相当宏大了。

那么如此宏大的文化工程，交给谁来负责呢？朱棣想到了一个人：解缙。公元1403年7月，朱棣命解缙、姚广孝、王景、邹辑等着手编纂这部他梦想中的大百科全书。解缙等召集了149名各个领域的专家，历经约一年半的时间，编成《文献大成》一书，没想到朱棣看过之后很不满意，觉得还是不够丰富和全面。于是公元1405年再次任命解缙和太子少傅姚广孝、礼部尚书郑赐等主持重新修订这部书。这一次的规模可谓空前，先后有2000多人参与编写，于公元1407年，也就是永乐五年再次完成。据记载，全书共22877卷，目录60卷，成书11095册，这样的天文数字让朱棣十分满意，亲自为这本书写了序，并正式命名为《永乐大典》。

《永乐大典》这部总字数约3.7亿字的大百科全书在当时可谓空前绝后，书中保存了中国自先秦直至明初的各种典籍资料达8000余种，这在当时真的可以说是“包括宇宙之广大，统会古今之异同”。《永乐大典》收录的内容包括：经、史、子、集、释藏、道经、戏剧、平话、工技、农艺、医卜、文学等，可以说是无所不包，甚至还包括一些有价值的逸文秘典。按照解缙等主持人员的要求，书中所收集的书籍必须按照原著整部、整篇或整段分别编入，这一点是难能可贵的，也正是这个原因，《永乐大典》的文献价值得到了极大的提高，堪称中国古代最大的百科全书，也是中华民族珍贵的文化遗产。

不过，这部《永乐大典》并没能完整地留存下来，在明代后期就开始有所遗失，再到后来经历战乱等，内容流失更多，始终未能成书付印，直到明嘉靖末年，才有史家按照原本摹写了一部作为副本备份。明亡之际，《永乐大典》的正本也被焚毁，从此消失。清代时，《永乐大典》的副本一直保存在翰林院，乾隆年间纂修《四库全书》时，由于管理不善，官吏们大肆偷盗，以至于《永乐大典》再次缺失了2400多卷，令人扼腕；1860年，英法联军侵占北京，《永乐大典》再次遭哄抢；1900年，八国联军攻陷北京，《永乐大典》不仅遭到哄抢，而且混乱之中惨遭焚毁，最终剩下的仅64册，连原本的1/10都不到，如此珍贵的典籍文献遭受如此浩劫，实在是令人惋惜。

中华人民共和国成立后，经多方努力，一直到1959年为止，学者们搜集《永乐大典》共215册，加上复制本等整理出730卷，1960年由中华书局影印出版。虽然这730卷大约只相当于原书的3%，但其中的历史文献资料对于研究古代历史仍然有着非常宝贵的价值。

《四库全书》

作为中华传统文化最丰富、最完备的集成之作，《四库全书》在世界文明史上也堪称最博大、最宏伟的宝藏之一。这部200多年前编修的百科全书，汇集了中国文、史、哲、理、工、医等几乎所有的学科，现代中国几乎所有的新兴学科都能够从中找到源头和血脉。自这部伟大的作品诞生起，就成为国家正统、民族根基的象征，甚至达到了“传国之宝”的高度，在中国乃至国际文化史上有着极其重要的地位。

《四库全书》分为经、史、子、集四部，共收书3460多种、7900多卷、36000多册。共44小类，分别为：

> 经部：易、书、诗、礼、春秋、孝经、五经总义、四书、乐、小学（10类）；
>
> 史部：正史、编年、纪事本末、别史、杂史、诏令奏议、传记、史钞、载记、时令、地理、职官、政书、目录、史评（15类）；
>
> 子部：儒家、兵家、法家、农家、医家、天文算法、术数、艺术、谱录、杂家、类书、小说家、释家、道家（14类）；
>
> 集部：楚辞、别集、总集、诗文评、词曲（5类）。

《四库全书》完成之后，皇帝从全国征集3800多名文人学士，集中在京城，历时10年，用工整的正楷抄书七部，连同底本，共有八部。之后由皇帝亲自督办，建造专门的藏书阁用来保存，世人难得一见，足见其珍贵程度。虽然后来几经战乱，损毁过半，但史学家依旧可以看出其当年的严谨：虽为手抄本，但字体风格端庄规范，笔笔不苟，如出一人。这套世界出版史上的巨制，也因此成为举世罕见的无价之宝，无论是从内容上还是从形式上，都具有十分难得的研究、收藏和欣赏价值。

▲《四库全书总目》

第五辑

兵家必争之地

河套地区

中国西北地区有一个小小的“板块”，位于宁夏回族自治区的中部，黄河从这里流过，形成一片平原，这就是我们熟知的“塞北江南”河套平原。由于黄河上游河水常年冲积，因此形成了水草丰美的平原地区，养活了一代又一代的各族人民。它东西长约300千米，南北宽一般为30~40千米，地势西南高，东北低，海拔多在1000米左右。虽然气候干燥，但因其靠近水源，方便灌溉，各族人民都愿意在这里安居乐业。

河套地区在农业方面的优势不言而喻，它的军事意义也尤为明显，是历史上汉朝与匈奴激烈争夺的重点。这里往北与阴山山脉相邻，往南行400余千米便至长安，若骑兵日夜兼程，也就只需花费两个昼夜。历代君王曾利用该区域，完成统一大业。

最初居住在河套地区的是游牧民族。他们经常南下骚扰燕、赵等国，劫掠边境的人口和牲畜。对华夏各国而言，游牧民族的存在造成了巨大的威胁。公元前221年，秦始皇终于统一六国，平定天下。之后，他便派遣大将蒙恬率军攻打河套地区，将这片肥沃的土地从匈奴人手中抢夺过来。慑于蒙恬的军威，匈奴只得远避大漠，不再骚扰中原的安宁。

秦始皇病逝后，短暂的和平便再次走向终结，天下重新陷入乱局之中。随后，赵高和秦二世又假借秦始皇之令，杀死了大将蒙恬，这无异于让岌岌可危的局势雪上加霜。中原的乱局让匈奴人看到了机会，他们乘势而起，再次攻占河套平原，关中、中原地区再次陷入危局之中。汉高祖刘邦建立王朝之后，听从了大臣们的建议，将首都定于长安。因为这里是秦川的中心地带，东有函谷关，西有萧关，西南有散关，东南有武关，北边则有黄土高原，是个进可攻、退可守的“四塞之地”。因此，定都于此是汉王朝的理想之举。

但是，长安与河套地区相距不远，常常被河套地区的匈奴骑兵突袭，令汉王朝的臣民都备感不安。为了保卫长安的安全，西汉王朝曾数次紧急调兵遣将，造成人力、物力的大量损耗，不仅劳师动众，还极大地影响了人心安定。因此，为了京师长安的长治久安，收复河套地区，扫除匈奴势力，成了西汉王朝最重要的战略任务之一。

公元前127年，汉武帝收复了河套地区，彻底解决了问题。他派出大将卫青与李息，沿黄河北岸西进，避实击虚，对河套及其以南地区的匈奴军进行远距离的迂回包围，斩杀、捕获匈奴军5500多人、牛羊百万余只。此战大捷，将黄河西北岸再次纳入西汉王朝的版图，自此西北边境与长安之间的距离增大至800多千米，有效解除了长安所面临的长期战争威胁。

河套地区是汉王朝的心腹大患，将此地收复之后，汉朝天子在此设立了朔方、五原等郡，全面治理该区域，为后人抗击匈奴奠定了坚实的地域基础。

河西走廊

丝绸之路的必经之地是河西走廊，这里是古今中外的交通要道，从古城长安向西出发，必经过这里。听其名字懂其形，河西走廊就是一条狭长的堆积平原，大体为东西走向，位于甘肃省西北部祁连山以北，合黎山和龙首山以南，乌鞘岭以西。这一带，因其平均海拔只有1000—1500米，所以地势较低。

河西走廊因地处黄河以西而得名，曾经是匈奴的居处。西汉初年的时候，匈奴势大，曾两度入侵河西，将大月氏逼退到锡尔河、阿姆河流域一带。因其军事力量强大，对当时的汉王朝威胁明显，骚扰边境成了常事。

为此，汉朝历代皇帝都对河西走廊和匈奴极为忌惮。汉武帝继位后，采取加强防御和主动进攻兼用的战略。建元二年（前139），汉武帝首次派遣张骞出使西域，联络大月氏、乌孙夹击匈奴。元狩二年（前121）春，汉武帝令骠骑将军霍去病率部进军河西走廊。霍去病此役不仅大获全胜，还生擒了浑邪王的儿子、相国，沉重打击了匈奴的气焰。霍去病还为汉武帝带回了匈奴的“祭天金人”，汉武帝十分高兴，将这一战利品收藏在了“甘泉宫”（今陕西凤翔）中。莫高窟第323窟北壁壁画绘有这段故事。

同年夏天，汉朝大将霍去病带兵冲过祁连山，斩杀3万余敌人，河西走廊一带的匈奴被毁灭性打击。与此同时，匈奴一族高层发生内讧，浑邪王杀死休屠王，携部4万余人投降汉朝。汉元狩四年（前119），张骞第二次出使西域，顺利地从乌孙凯旋。

从那以后，内陆与西域之间的丝绸之路打开了。张骞因数次出使西域，沟通了中外以及中原同西域各民族之间的经济文化，也开辟了交通史上的新路线，成为后世人们纪念赞颂的榜样。

汉武帝于元狩二年（前121）在河西设置了酒泉郡和武威郡。为加强河西建设，汉武帝采取了屯垦、设防、移民等措施，极大地推动了河西的进步与发展。汉元鼎六年（前111），酒泉、武威二郡被拆置为敦煌、张掖两郡。汉武帝又下令修建了从令居（今甘肃永登）经敦煌直至盐泽（今新疆罗布泊）一段的长城和烽燧，著名的阳关和玉门关就是此时设置的，史称“列四郡，据两关”。汉武帝的举措直接切断了匈奴与西羌之间的联系，为边关的稳定和丝绸之路的安全畅通打下了良好的基础。

“失我焉支山，令我妇女无颜色；失我祁连山，使我六畜不蕃息。”匈奴人失去了赖以生存的河套平原和河西走廊，几乎受到致命性打击，发出了这样的感慨。匈奴向西汉投降之后，便被朝廷打散安置在上郡、陇西、朔方、北地、云中五郡，称“五属国”。后来，汉武帝又将数十万贫民从中原地区迁徙到河西、河南一带，有效地促进了当地的生产与发展。

河西走廊从兵家必争之地变成了稳定发展的农业生产区，同时形成了一道安全稳定的防护地带，促进了汉朝及后来的民族团结与发展。

敦煌

古代的敦煌疆域十分辽阔，东到渊泉（今甘肃玉门以西），西至龙勒阳关，南连西羌（今青海柴达木），北达伊吾（今新疆哈密市），均由敦煌统管。早在汉武帝时期就设立了敦煌郡，其历史悠久、文化灿烂，中外闻名。中国有四大名窟，敦煌莫高窟位列首位。现在的莫高窟里面存在大量的历史文献与壁画，吸引了众多学者前来，并将其列为研究对象。“敦，大也；煌，盛也。”敦煌的存在和发展，既有文化上的深远意义，还在军事方面发挥了不可替代的作用。

从原始社会时期开始，敦煌就迎来了第一批居民——三苗人。三苗人经历了战争失败之后，转向以狩猎为生，掌握了最初的农业生产技术。战国前后，敦煌一带居住着大月氏人、乌孙人和塞种人。后来，大月氏强盛并兼并了羌戎一族。待发展至战国后期，大月氏赶走异族，成为敦煌霸主，一直到秦朝末期才发生改变。

后来，考古学家从敦煌挖掘出了许多新石器时代的东西，如石刀、石斧和陶器、铜器等。此外，还有夏、商、周时期，游牧民族在此定居时留下的许多岩画。

西汉时期，汉武帝发兵河西地区，设立管理机构，打通了丝绸之路。敦煌位于丝绸之路四郡最西边，是各国使臣、将士、商贾、僧侣往来时的必经之处，故而，敦煌又被称为中西交通的“咽喉锁钥”。如此一来，当时的敦煌格外热闹。中国的丝绸及先进技术经由敦煌要道，源源不断地向中亚、西亚和欧洲传播；而欧洲、地中海沿岸和西域的玛瑙、玉器、珍奇异兽、农作物等也都经由此处，源源不断地输送到中原。

敦煌建郡之后，西汉王朝相当于守住了西域的门户，征战西部地区都以敦煌的物质供应为基础。比如李广利征伐大宛国，获汗血宝马；赵破奴攻打姑师国俘获楼兰王，都离不开敦煌的助力。

及至东汉时期，匈奴一族又强盛起来。他们开始大肆占领西汉的大部分区域，导致丝绸之路暂停，不管是文化还是经济交流都暂停，造成了莫大的损失。公元75年，为恢复通往西域的门户，东汉王朝一方面兵分四路，向北匈奴发起进攻，并顺利收复伊吾等地；另一方面又先后两度派遣名将班超出使西域，击杀匈奴使节，并与西域诸国建立起友好关系。就这样，65年之后，东汉王朝终于再次打通丝绸之路，恢复了中原与西域的联系。

虽然丝绸之路的发展屡受影响，有时开通，有时被迫关闭，但是敦煌却一日比一日更加繁荣昌盛，被人们称为“华戎所交一都会”。这里成了西部地区的繁华都城，既是西北的军政中心，又是文化与商业汇集的中心。

转眼间，历史翻到了唐朝这一页。此时河西地区已经归属唐朝，河西划分成肃、瓜、沙三州，其中沙州就是敦煌。贞观十四年（640），为确保丝绸之路的畅通，唐太宗李世民出兵，大败西突厥。唐朝的经济、文化发展都非常繁荣，佛教也特别盛行。贞观十九年（645），唐朝的玄奘远赴印度取经，返回长安时曾路过敦煌，并留下了不少艺术性极高的壁画和雕塑。

后来，唐朝发生内忧外患，内有“安史之乱”，外有吐蕃侵犯。西南部的吐蕃王朝日益强盛，乘虚进攻河西。敦煌的将士和百姓连续抵抗11年，最后因矢尽粮绝，只能眼睁睁地看着敌人攻陷了凉州、甘州、肃州等地。从那之后，吐蕃统治河西地区长达70多年。在这段时间里，佛教依旧盛行，莫高窟里保存了大量的吐蕃时期的壁画，为人类留下了艺术瑰宝。

吐蕃虽统治了敦煌多年，却始终不得人心。唐宣宗时期，吐蕃王朝内乱，敦煌世家大族张议潮乘势而起，联络当地各族群众，一举光复了沙州。这一反抗又是十几年，张议潮等收复了河西及周边地区，并派遣使者以传达归顺之心。

张议潮被唐朝封为节度使，随后入朝为官。此时敦煌内部发生了张氏宗族的内讧，张议潮的孙子张承奉背叛了唐朝自立为王，建立了“西汉金山国”，自称为“金山白衣天子”。此时，河西走廊中部地区已经陷入甘州回鹘之手。为打通东西交通，张承奉率军攻打回鹘，却一败涂地。回鹘一举攻至沙州，张承奉退无可退，最终被迫投降，“西汉金山国”亡。

此后，沙州长史曹议金取代归义军节度使，成为瓜、沙二州的新统领。在曹氏的统治下，瓜、沙二州在生产、经济、军事及文化建设方面都迎来了新的发展，并逐渐与周围各民族建立起了和平友好的关系。自此，瓜、沙二州迎来了长达130多年的稳定和安宁。

公元1002年，因归义军内部的兵变事件，曹延禄与其弟曹延瑞被迫自裁。后众人推举曹延禄的族子曹宗寿上位，成为新的归义军节度使。就这样，在战争与内乱的双重影响下，曹氏归义军政权迅速衰落。与之相对的是，沙州地区的回鹘势力在此期间却迅速发展起来，成了归义军政权的最大威胁。此时的归义军政权早已在风雨飘摇中脆弱得不堪一击了，再也无法经受任何来自外部或内部的伤害与动摇，这使得一直靠归义军政权庇护的沙州佛教势力也陷入惶

▲ 敦煌莫高窟九层楼

惶不安的状态。

公元1006年，于阗佛教王国遭信奉伊斯兰教的黑韩王朝攻打而覆灭，消息传出之后，莫高窟的一些寺院立即把重要的经卷和佛像、幡画等集中起来，藏入了原先存放废弃经卷、外典、旧幡画、过时文书和佛像的洞窟中（今编号为第17窟），其中就包括举世闻名的“敦煌藏经”。随后，僧侣们封闭了窟洞口，让此事成了永远的秘密。

此后西北地区更加混乱，战争不断。11世纪初，党项族崛起并打败了回鹘一族，并将敦煌、沙州等地攻陷，成为河西地区的霸王。公元1038年，西夏王朝建立，敦煌归其统治。华夏大地上，出现了西夏、宋、辽三足鼎立的局面。西夏王朝统治该区域之后，重视民生，着重发展经济，允许佛教和汉族文化的同时存在和盛行。此时敦煌大放异彩，“民物富庶，与中原不殊”，就连文化上也有百花齐放的特点。

公元1206年，成吉思汗征服了大漠以北的各民族部落。蒙古族先后打败了西夏王朝，攻克了沙州等地区，从此整个河西地区归元朝所有。敦煌本是甘肃行中书省管辖的地界，后来又划归到沙州总管府治下。元朝若是打算远征西方，那么就必然会经过敦煌。当时，瓜、沙二州发展得非常好，拥有很强的经济实力和军事武装，敦煌的经济文化发展呈现出一片欣欣向荣的景象，与西域的贸易往来也十分频繁。那个时期，佛教在中国的发展非常顺利，得到了元朝皇帝的认可和崇信，莫高窟也不断地发展壮大。还有一位名叫马可・波罗的意大利旅行家，经由敦煌进入中原，成为元朝的大臣。

明朝建立之初，朱元璋为扫除隐患，派冯胜率军，兵分三路平定河西地区，并修筑了嘉峪关，巩固了明长城等防御工事，在肃州城设置关西七卫。此时吐鲁番攻破了哈密，下一个目标瞄准了敦煌。明王朝先后设立了沙州卫、罕东左卫，但依然没改变吐鲁番占领敦煌的事实。公元1524年，为阻挡吐鲁番的继续扩张，明王朝决定放弃瓜、沙二州，并将关西的平民迁入关内，自此闭锁嘉峪关。随后200余年中，敦煌逐渐沦为“风播楼柳空千里，月照流沙别一天”的荒漠之地，昔日的繁华已然成为过往云烟，荒凉的景象让人格外叹息。

直到清朝康熙年间，嘉峪关外的地区都被收复，完成了大一统。敦煌多年荒凉，雍正决定再次开发，移民2000多户至敦煌发展农业，吐鲁番、罗布泊大批兵民移居沙州一带。这里灌溉方便，耕地面积大，农业快速恢复发展，成为河西走廊西部的戈壁绿洲。

1760年，沙州卫改名敦煌县。1986年，敦煌县被国务院命名为“中国历史文化名城”。1987年，经国务院批准，撤敦煌县设立敦煌市，直至今天。

九大名关

山海关：山海关号称天下第一关，自古就是兵家必争之地，在军事上具有重要意义。它位于河北省秦皇岛市，是明长城东端唯一与大海交汇的地段，也是华北和东北地区的重镇。明朝大将徐达将燕山之处长城做了延伸，并在山海关设立关卫。这所关城高达14米、厚达7米，外表看起来非常牢固，因此书法大家萧显题字“天下第一关”，并制成巨型匾额。这里不仅是军事要塞，还有令人震撼的风景：“彩霞映高楼，雄关添生机。朝观沧海日，夕看燕山雨。幼童竞登楼，父老话今昔。”山海关北邻角山，南靠渤海，山色青青、水色

▲ 山海关

蓝蓝，在这里登高望远，雄奇秀丽的山色与海景尽收眼底，不愧是天下第一关。

嘉峪关：塞上雄关，它位于甘肃省嘉峪关市西面，处于万里长城的最西端。这段军事古迹始建于公元1372年，历史悠久却保存完整，令人叹为观止。它矗立在广袤的戈壁滩上，曾是“丝绸之路”的必经之地，如今吸引了不少游人前往。

居庸关：位于北京市昌平区，秦代始建，历史悠久，又称“天险列峰连”，旧称有军都关和蓟门关。这个关口是军都山的重要枢纽，是长城的要口，地势极为险要。现在它更多的是以风景出名，72处风景，引人入胜，“燕京八景”之一的“居庸叠翠”说的也是这里。

紫荆关：内三关之一，因其位于居庸关和倒马关之间，周围长满了紫荆树而得名。它位于河北省易县紫荆岭，是河北平原进入太行山的重要出口。

娘子关：万里长城第九关，位于山西省东部。相传初唐时期，李渊的女儿平阳公主率领娘子军在此驻扎，所以大家称其为娘子关。娘子关地处山西和河北两省交界，形势险要，也是重要关口。

雁门关：三晋雄关，地处山西省代县的一条峡谷内部。雁门关所处地势陡峭，相传大雁飞到此地都很难通过，只能飞到峡谷里从关前穿过，所以后世人称其为雁门关。春秋战国李牧驻此防卫匈奴；汉代飞将军李广曾在此令敌闻风丧胆；卫青、霍去病也在此抗击匈奴；杨六郎率领宋兵与辽军曾征战于此。足见这是历代拱卫京都、屏护中原的兵家重地。

平型关：兵家重地，曾发生过中外闻名的平型关大捷。该关地处山西省繁峙县的东北处，与灵丘县相邻，也是长城的要口。这里虽是往日著名的战场，但现在松柏林木覆盖，变成了景色优美的区域。

武胜关：关中之关，位于河南省信阳市南部的大别山口，在历史上也是兵家必争之地，位置十分重要。

友谊关：中越要口，位于广西壮族自治区凭祥市的深山之中，是中国通往越南的交通要塞。明代建立鸡陵关，清代将其更名为镇南关，1953年又改为睦南关，1965年改名友谊关。大家熟悉的中法战争中的镇南关大捷，还有孙中山领导的镇南起义，都发生在这里。

玉门关

玉门关位于甘肃省河西走廊最西边的关口，是通向西域的重要门户。这里处于荒凉的沙漠地带，到处都是戈壁与沙漠。南北是阿尔金山和马鬃山对立，中间则是一片平坦的走廊式平原，面向新疆维吾尔自治区东部，河流从此流过，汇入罗布泊盆地。玉门关就在一片大戈壁和冲积平原的交接处。

汉武帝收复河西走廊后，曾经在此设立四郡和两关，玉门关是其中之一。西域与和田玉石交易经过此路，因此大家称为玉门关。魏、晋之后，随着安西通新疆东部重镇哈密的道路越来越受重视，玉门关也被东移到了今天的甘肃省瓜州县双塔堡附近。宋以后，海洋丝路逐渐取代西部陆上丝路，陆道交通逐渐衰落，玉门关遂逐渐废弃。玉门关由黄土夯筑成方形的城堡，东西长24米、南北宽26米、垣高9.7米。堡西、北各有一门，总面积630余平方米。很多遗迹已经变得模糊，但玉门关的辉煌不应被遗忘。

从长安出发一路向西，经过河西走廊到敦煌，丝绸之路在此分成南北两条道路，而玉门关是北道的出发点。由玉门关出发到哈密，沿着天山一路向西，就可以经过西域的多个城邦。此时再越过帕米尔高原，通向古罗马帝国。张骞两次接受汉武帝的派遣，出使西域都要经过玉门关。虽然他历经辛苦，却收获颇多，将西域的所见所闻分享给国人，这也是人类文明进步的重要原因。

▲ 玉门关

汉武帝时期，派李广利率兵经过玉门关前往西域，希望成功征讨大宛国。不料，他没有得到沿途诸小国的支持，不仅不给粮草供应，双方也僵持不下，只能无功而返。那时交通不便，这一来一回就耗时两年。待他回到敦煌时，同行士兵已死亡十之八九。李广利当即就向朝廷上书请求罢兵。汉武帝怒不可遏，直接下诏称："军有敢入者辄斩之。"无奈之下，李广利只得继续留守敦煌。

后来，汉武帝决定转变策略，通过和亲来改善外交关系。此后不久，他便将江都王建之女细君和楚王戊之孙女解忧相继送到乌孙和亲，玉门关见证了这一切。

直到公元73年，班超也经由玉门关进入西域地区。他作为汉朝使者，在西域生活了30年，俨然成了一个"当地人"。他对我们西部边疆的稳固做出了巨大贡献，也在无形中促进了民族融合和发展。

玉门关见证了历史的变迁，商人和使者经过这里，和亲队伍也缓缓经过。公元2世纪时，安息国王子安世高曾途经此处前往洛阳。三国时，僧人朱士行也曾路过玉门关，踏上西去求法的远行之路。

唐代诗人王之涣的《凉州词》中有这样一句："羌笛何须怨杨柳，春风不度玉门关。"词中所提到的"玉门关"，实际上并非指原本的玉门关，而是指东移之后的安西玉门关。从地理位置上来说，历史上的玉门关还应该再往西推进几百千米。历史上许多人都曾写过有关玉门关的诗句，如"为言地尽天还尽，行到安西更向西""关到玉门中土尽""唯思生入玉门关"等。这些诗句无不散发着无尽的感慨和悲凉，这也跟玉门关所处位置和特殊的环境有关。这里位处边疆，虽然地域广袤，但是景色极度荒凉，不管是臣民还是将士，来到这里都会发出感慨。

往事已经不再，只有玉门关见证了这一切。它不仅仅是个关口，还是兵家必经之地，也是欧亚之间的一座友谊桥梁。斯关已逝，文化长存，世人将永远记得它在东西方文化经济交流中发挥过的重大作用。

阳关

古语有云“山南水北谓之阳”，敦煌市西南70千米的南湖乡境内，就有我们熟悉的阳关。唐代诗人王维曾经作诗《渭城曲》，其诗有云“渭城朝雨浥轻尘，客舍青青柳色新。劝君更尽一杯酒，西出阳关无故人”。这首诗被誉为千古绝唱，表达了诗人的送友心情，也让古老的阳关广为后人所知。

阳关自汉武帝时期建立，至今已有2000多年的历史。它位于河西走廊西段，是重要的军事关隘，也是西出丝绸之路、西出敦煌的必经关卡。西汉王朝抗击匈奴后，为加强对西域的管理和经营，在河西走廊分别设置了玉门关和阳关，同时设立了武威、张掖、酒泉和敦煌四郡。丝绸之路有南北两道，北道经过玉门关一路向西，而南道则是经过阳关一路向西。所以，阳关的战略地位极为重要，它的存在既稳固了西域地区，也成就了“丝绸之路”的通畅。

自西汉以后，历代王朝都派重兵把守坐镇阳关，多少将士在这里戍守征战，把自己的青春和热血留在了这里。这里曾经是繁华的关隘，商人和僧侣在这里经过，使者和文人游客在这里抒发情怀，发出无限感慨。但是宋朝以后，阳关所处地区沙尘暴严重，流沙裹挟着人们撤离，最终阳关被埋在了沙漠之中。

所以，往日的阳关只能在回忆中验证，现在的阳关只剩下一座烽墩，依然矗立不倒。登上烽顶之后，方圆数十里的风光皆尽收眼

▲ 阳关

底。在墩台南侧，有一处被称作“古董滩”的凹地，四五千米见方，凹地上遍布碎瓦残片，皆是时光深处的历史见证。

“进了古董滩，空手不回还。”当地人这么说。在这里，有汉、唐陶片，也有铁砖瓦块。若是瞧见那颜色乌黑、质地细腻、坚硬如石的砖块，很可能就是昔日有名的“阳关砚”的原材料。要知道，“阳关砚”之所以得此名，正是因为它是用阳关城墙上的砖块磨制而成的。这种砚台最大的特点就是冬天不结冰，夏天不缩水，颇受文人墨客的青睐。假如你有足够的好运气，或许还能在这儿捡到金、银、玛瑙、五铢钱、陶器、箭头、铁刀片……这些都是阳关之后的遗迹，亦是历史的另外一种见证与存在。

古代文人因阳关而触发悲戚的情怀，留下值得细细品味的诗词。而如今，后人则在阳关烽火台高耸的山上，修建了供游人漫步的名人碑文长廊，让人们既能欣赏到诸多当代名人的诗词书法，又可在历史的厚重中凭吊古阳关遗址，或者只是静静伫立于廊中，将绿洲、沙漠与雪峰的美丽风光尽收眼底。这一切，又是完全不一样的感触。阳关不再，却一样是容纳情怀的所在。

万里长城

秦长城

自从春秋战国以来，各个诸侯国因为彼此之间的防御，都投入较大精力修建长城，但没有形成规模。后来秦始皇统一天下，将原先北方燕、赵、秦三国所修的长城连为一体，将那些长度数百里或者两三千里分散的长城，统一修筑并形成规模，成为长逾万里的长城，这才有了万里长城。

公元前221年，秦国消灭了齐国，最终结束了诸侯争霸的局面，一统天下，建立了中国第一个统一的中央集权的封建专制王朝。秦始皇统一天下后，依然居安思危，因为北方的匈奴一直是强大的威胁，这种威胁历史悠久。早在战国时期，七国争霸之际，匈奴就借机不断侵扰秦、赵、燕三国边境，并趁诸国无暇他顾之时，逐步将北方河套地区收入囊中，成了秦国后方最大的隐患。

秦朝统一大业既然已经完成，就要打破内忧外患的局面。为解除匈奴对秦王朝的威胁，秦朝主动发起了北逐匈奴的战争。但遗憾的是，此役并未完全解除匈奴对秦的威胁。因此，经过多番考虑之后，秦始皇为了维护和保障中原地区的安全，便决定投入大量的财力、物力和人力来修筑一道防御工事，以阻挡匈奴南下的掠夺和滋扰，万里长城就是在这样的情况之下修筑而成的。

▲ 万里长城

据《史记·蒙恬列传》记载："秦已并天下，乃使蒙恬将三十万众北逐戎狄，收河南。筑长城，因地形，用制险塞，起临洮，至辽东，延袤万余里。于是渡河，据阳山，逶蛇而北。暴师于外十余年，居上郡。"读完这段历史文献，我们对长城有了大概的了解，秦长城起自临洮至辽东，经过的地区记录非常简单，并不详细可考。现代考古学经过详细考古发现，秦始皇的万里长城，并非是新建而成的，其实更类似于对燕北长城、赵北长城及秦昭王所筑长城的大规模修复，然后再将这三处长城连接起来，使整个长城防线连贯为一。

综合以上，我们得知了秦长城的详细地理位置：西起甘肃省岷县，然后循洮河一路向北，至临洮县后，又经定西县南境向东北延伸，一直到宁夏回族自治区固原县。此后，又由固原县向东北方向，一路经甘肃省环县，陕西省靖边、横山、榆林、神木等地，然后转而向北延伸，一直到内蒙古自治区境内的托克托县南，最终抵达黄河南岸。黄河以北的长城则起于阴山山脉西段的狼山，一路向东延伸至大青山北麓，然后继续推进，途经内蒙古自治区乌兰察布市集宁区、兴和县至河北省尚义县境。然后再由尚义县向东北方延伸，经河北省张北、围场诸县后继续向东，经辽宁省抚顺市、本溪市再向东南，最终抵达朝鲜平壤西北部的清川江入海口处。这一段令人叹为观止的古迹，一点点摊开了雄伟的画卷，直到完全展开在我们的面前，铸就瑰丽的光芒。

但令人惋惜的是，秦始皇修建长城的同时，还拆除了战国时期各诸侯用以割据自卫所筑的长城。如果没有这一举动，如今的长城是不是还具备了多样性的特点呢?

明长城与九边重镇

秦始皇修建的长城，在很长一段时间内，都成为重要的防御工事。汉朝在秦朝的基础上修建了长城，继续利用长城维护边关。到明朝时，因长城年久失修，使得逃亡到大漠以北的蒙古人成为明朝廷在北方的巨大威胁。所以，在敌人的“鞭策”下，明王朝格外重视对北方长城的修筑和加强长城的防务。

大明王朝建立，其统治天下270余年，一直都没有停止过修筑和经营长城这个防御体系。动用如此浩大的人力、物力，使明长城的规模远远超过了秦皇汉武的杰作。明代长城西起嘉峪关，东至山海关，不仅蜿蜒盘踞在长长的边界线，它的建筑结构和质量也有所提高，发挥了强大的防御作用。

《明史・兵志》记载：“元人北归，屡谋兴复。永乐迁都北平，三面近塞。正统以后，敌患日多。故终明之世，边防甚重。东起鸭绿，西抵嘉峪，绵亘万里，分地守御。初设辽东、宣府、大同、延绥四镇，继设宁夏、甘肃、蓟州三镇，而太原总兵治偏头，三边制府驻固原，亦称二镇，是为九边。”这里的九边，所说的就是明代长城划分的九个防御区，这几个区域都有重兵把守，每个区域也设有总兵官管辖，都是为了加强长城的防御作用。

辽东镇：原本位于辽宁省辽阳市，后来迁移至辽宁省北镇县。此镇管辖区域东起丹东鸭绿江，西至山海关，是一段重要的防御工事。

蓟镇：原处天津市蓟县，后移至今河北省迁西县三屯营。负责管辖从山海关到四海冶（今北京延庆）的长城防御。之后京畿又相继设置了昌镇、真保镇。昌镇负责管辖的是从慕田峪西至紫荆关部分的长城防御，而真保镇则负责管辖从紫荆关沿河口西至娘子关以南部分的长城防御。

宣府镇：位于河北省宣化县，东起四海冶，西至西洋河。

大同镇：位于山西省大同市，管辖东起镇口台西至丫角山的长城防御。

山西镇：别名太原镇。所管辖的是从黄河东岸，经外三关至平型关部分的长城防御。

延绥镇：又称作榆林镇。原位于陕西省绥德县，后移至今陕西省榆林市。管辖东起清水营、西至花马池的长城防御。

宁夏镇：位于宁夏回族自治区银川市，管辖东起盐池、西至靖远的长城防御。

固原镇：位于宁夏回族自治区固原县，管辖东起定边、西至金城的内长城防御。

甘肃镇：位于甘肃省张掖县，管辖东起金城、西至嘉峪关的长城防御。

九边重镇沿长城东西一线，既是九处管理辖区，同样也是九处防御重地，为维护关内安定做出了极大的贡献。

嘉峪关

万里长城有两个规模庞大的关隘，一个是位于东端的山海关，另外一个则是位于西端的嘉峪关，嘉峪关是整个长城上最大的关隘。最初，嘉峪关只是一个占地2500平方米的土城，仅仅有6米高。后来世代屡次扩建，将面积扩大了10倍有余，现在的嘉峪关关城面积已经达到了33500平方米。

嘉峪关地处甘肃省河西走廊中部嘉峪关市西南隅祁连山脉嘉峪山麓，因嘉峪山而得名。它是明长城的西部终点，更是大家熟悉的边关要塞。嘉峪山之所以成为军队筑城设关之处，是因为其西北地势非常险要，如果利用得当就能有一夫当关、万夫莫开的效果。明朝大将军冯胜正是看中了这一特点，就在这里筑城了。通过上百年的不断发展、不断完善，才真正将其变成了一道雄关。这道雄关为明王朝抵御外敌做出过巨大贡献，因此享有十分特别的地位，有“天下第一雄关”之称。

甘肃地处荒凉地区，嘉峪关所在的河西走廊夹于巍峨的祁连山和北山（包括马鬃山、合黎山和龙首山）之间，东西长达1000千米左右。丝绸之路是打通中原地区与西域贸易往来的通路，古代的丝绸之路就是从祁连山中穿过的，东到长安，西到西域各国。古代商贾们甚至通过这条丝绸之路，将中原地区的茶叶、丝绸、瓷器等商品贩卖到了古罗马。

▲ 嘉峪关

这条丝绸之路让沿途的许多绿洲和西域国家获益良多，但是这些大小国家的立场一直是左右摇摆的。中原王朝强大的时候他们俯首称臣，而匈奴、突厥或者其他强大的游牧民族到来的时候，他们又会献上贡品换取平安。一旦他们强大起来，甚至会向中原王朝发动进攻。明代时期发生的吐鲁番东侵，就是试图通过丝绸之路夺取河西走廊，幸好嘉峪山已经设关筑城，凭借这道雄关将吐鲁番的军队牢牢阻挡在外。可见，这道雄关对保护河西走廊地区的安全有着非常重大的意义。

明朝时期，吐鲁番屡屡进犯中原，试图突破嘉峪关。正德元年（1506），哈密忠顺王有不臣之心，吐鲁番首领满索尔见吐鲁番日渐强大，便想要在中原地区大展拳脚。于是，满索尔用高官厚利诱惑哈密忠顺王背叛明王朝，随后出兵占领了哈密。明朝使臣在与满索尔商谈以后，满索尔将哈密地区归还给了明王朝。在吐鲁番撤军的时候，甘肃巡抚李昆担心满索尔不肯履约，就扣留了满索尔的使臣。这一行为惹怒了满索尔，他马上派出大军重回哈密，并且率领大军向沙州进发。满索尔占领沙州以后，又亲自带领上万大军进攻嘉峪关。

李昆麾下的游击将军芮宁和参将蒋存礼临危受命，前去抵抗。芮宁与满索尔的大军相遇在沙坝子地区，而蒋存礼的部队也在路上被敌军截住了。经过一番血战，芮宁方全军覆没，嘉峪关也因此落入了吐鲁番之手。接着，满索尔带领大军攻打肃州，兵备副使陈九畴趁着吐鲁番大军夜晚休息时进行偷袭，大获全胜。满索尔仓皇逃到了瓜州，路上又遭遇了副总兵郑廉的堵截，只好带着残兵败将回到了吐鲁番。

如此反复的战事并未结束，贼心不死的吐鲁番在正德十一年（1516）再次发动了战争，入侵嘉峪关后，开始在肃州、甘州进行大范围的掠夺。嘉靖三年（1524），吐鲁番故技重施，再次通过嘉峪关，围攻肃州。不料，这一次被明军打了个落花流水。吐鲁番军队见势不妙马上投降，并表示愿意献出哈密地区。但明王朝对哈密地区兴趣不大，因为哈密远离中原地区，在古代又没有办法开发哈密的自然资源，所以最终没有接收哈密地区。

嘉峪关是大漠中的一处得意之作，从远处看，嘉峪关不愧为第一雄关，其高度、气势十分惊人。而走近嘉峪关仔细观察，会发现嘉峪关的风景也是非常美丽的。城墙与山脉并肩而立，戈壁滩上矗立着朱红色的城楼。极目远望，祁连山美丽的雪山和绵延不绝的万里长城相映成趣。在天晴的时候，还会出现海市蜃楼。戈壁滩上时常有商队经过，骆驼颈下的驼铃清脆悠扬，让人仿佛回到了那个古老的年代，回到了丝绸之路上。更幸运的是，嘉峪关虽然处于荒漠，但并不缺水。城内有深井，山上有冰泉。水作为人类生存的命脉，让嘉峪关的繁荣得以延续。

“严关百尺界天西，万里征人驻马蹄。飞阁遥连秦树直，缭垣斜压陇云低。天山巉削摩肩立，瀚海苍茫入望迷。谁道崤函千古险？回看只见一丸泥。”林则徐因为禁烟而被降罪，曾被发配新疆。途中他经过了嘉峪关，不禁作诗称赞，足见嘉峪关的魅力之大。

内三关

居庸关

居庸关位于北京市北面的军都山峡谷，它与紫荆关、倒马关一起被称作内三关。《吕氏春秋》中记载，居庸关是天下九塞之一，形势极为险要，自秦汉之后它就是公认的北国大门。“天设居庸险，乾坤此北门。山川通上郡，形势冠中原。”正是因为居庸关拥有非常重要的战略地位，全国其他关隘很少能与其相比，居庸关才能成为京师最重要的屏障。

居庸关名字颇多，三国时称为西关，北齐时称为纳款关，唐代称为居庸关和军都关，甚至还有蓟门关的称呼。但是向后发展，各朝各代还是称其为“居庸关”的较多。大概在北魏时期，居庸关处开始修筑长城，等到明朝时期重新建造，此时它成为整个长城中重要的关隘。蒙古族残余势力试图卷土重来，居庸关发挥了防御作用。后来，明宣德和景泰年间，居庸关经过多次修建，最终形成了现在的长城。长年失修导致居庸关外表破败不堪，经过现代工艺的整修，居庸关重新散发魅力。

居庸关位于军都山峡谷，而军都山则是燕山南支。燕山不仅山势峻峭，还位于高海拔之上。它横亘在蒙古高原与华北平原之间，是一道天然的安全屏障。连山中断，形成关沟，却可以通南北，便利了当地的交通。居庸关横跨在关沟两侧的山崖，城高超过8米，周长达7千米。南北两侧各有一道城门以供出入，温榆河也从城墙之下的一道水门穿过。如今由于水位上涨，水门已经被淹没了。古代人们所说的居庸关并不单单是一个关隘，而是整个关沟范围，甚至连八达岭都囊括其中。

有人说居庸关的险要，并非在于它的关城，而在于八达岭。八达岭城堡在战时的确有着巨大的防御作用，这座城堡兴建于明永乐二年（1404），在明弘治十八年（1505）得到重建，人们如今所看见的八达岭城堡就是后来重建的。八达岭地处极高，地势险要，与居庸关南北口互相照应，就如同秦朝时期的崤函、蜀中地区的剑门一样，是真正的一夫当关、万夫莫开。

《过居庸关》曾这样咏叹："居庸关，山苍苍。关南暑多关北凉。天门晓开虎豹卧，石鼓昼击云雷张。关门铸铁半空倚，古来几度壮士死。草根白骨弃不收，冷雨阴风泣山鬼……"从古代开始，北京就是军事重镇，很多朝代都在这里建都。关内商业繁荣、民众富庶，遭到关外少数民族的觊觎。所以，北京和居庸关成了兵祸地区，成为历史上非常出名的战场，战事连连酿成了千古悲剧，令人叹息。

王朝不断更新迭代，但发生在这里的割据战乱却没有停止过。东汉时期，鲜卑人进犯居庸关，试图突破屏障。武则天时期，为防止突厥族进犯，把居庸关口堵塞上。而后晋皇帝石敬瑭为了交好契丹帮其造反，将幽云十六州拱手让给了契丹，从那以后居庸关就是辽、金、蒙古三国都要争夺的兵家重地。

公元1115年，女真部落崛起建国，国号为金。金国想要从辽国手中夺取燕京，而居庸关就成了辽国防守的第一阵线。结果在战争尚未打响之时，事故发生了：居庸关两旁的山崖发生了崩塌，辽国守军大多数被巨石压死。于是金兵兵不血刃地通过居庸关，一举拿下了燕京。

但是风水轮流转，不久后，金兵也迎来了他们的对手。生活在北部的蒙古军南下进攻，由于金兵守在居庸关处，蒙古军久攻不下，只能考虑用计谋了。蒙古人采用了明修栈道、暗度陈仓的计策，少部分人马留在居庸关外迷惑金国人，主力部队去进攻紫荆关。在攻破紫荆关以后又反过来攻打居庸关。居庸关面对外敌是利器，而当敌人从背后攻来的时候就没有那么好的效果了。但蒙古军队并没有攻下金国中都就退兵了。

几年以后，成吉思汗的大军再次来到居庸关下，居庸关再次被攻破。又过了三年，没有居庸关做屏障的金国中都被攻破，金国和蒙古签订了一系列的条约才送走了蒙古人的主力军队，只留下少量驻军，而选择驻军的地方就是居庸关。失去居庸关这个重要屏障，金国人没办法再安心地将中都作为都城，于是向南迁都到了开封。

元朝末年，朱元璋率领军队攻打大都，元兵无力抵抗，只能从居庸关逃往北部，一个王朝就此灭亡。后来，明朝派将军徐达驻守在居庸关口，敌人也只能“望关兴叹”了。

“地非不险，城非不高，兵非不多，粮非不足也，国法不行，而人心去也。”当年顾炎武听说居庸关被李自成攻破，发出了这样的感慨。可见，即便是再厉害的天险，也会被攻破，胜败最终还是要靠自己。居庸关除了是一座重要的防御屏障、军事要地外，其人文景观也是极具价值的。长城被称为世界第八大奇迹，而长城当中最雄伟的一段就是八达岭长城。这段长城高度有7.8米，上下宽度并不相同，下部宽6.5米，顶部宽5.7米。铺设长城地基使用了花岗岩条石，每块重量超过了1000斤。城墙上部所使用的就不是实心的石块了，那些巨大的城砖用土石填充，同样坚固。铺设城墙顶部的是方砖，这让城墙看起来非常整齐。宽阔的城墙拥有非常强的军事价值，五匹马并行都显得十分宽敞，运输军队毫无阻碍。

城墙两边的矮墙不是为了美观，而是为军事服务的。这种矮墙被称为女墙，内侧的女墙可以防止士兵摔落，而外部的女墙上下有两个小口，上面的用来观察敌情，下面的则可以用来射击敌人。城墙上每隔三五百米就有一个敌楼或墙台，不管是防御作战还是侦察敌情都是非常实用的。敌楼下层是存放武器、物资或者给士兵休息的地方。这些敌楼相互守望，通过交叉射击保证不被爬上城墙的敌人轻易占领。长城上还有很多的券门，门内就是下城墙的楼梯。长城上方有许多烽火台，用来及时传递信息，保证敌人的动向时刻在掌控之中。这些设施让长城变成了一个坚固的军事堡垒，是抵御敌人的利器。

现在的居庸关已经不再是军事上的屏障，但是其地理位置决定了它拥有更深层次的意义。这里山峦重叠，花木苍郁，远望如碧波翠浪，景色优美；京张（北京至张家口）铁路和公路经过居庸关，是燕山南北的交通要冲；人文景观除了八达岭长城外，还有一座汉白玉建造的云台，人站在台上，从远处看来犹如置身云中。云台对于考古学者来说有着巨大的研究价值，券门内部有鸟兽、佛像等形象的精美石雕，两侧的墙壁还用六种不同的文字雕刻了佛教经文。正是因为这些石刻，国家已经将云台列为全国重点保护文物。

经过了几千年的争斗，民族融合成为大趋势，居庸关见证了历史的变迁，也留给后人重重思考。如今这个关口，军事意义虽然逐渐消失，可留下来的沉甸甸的文化底蕴，更值得我们学习和琢磨。

紫荆关

紫荆关是内三关之一，是京都西边的军事屏障。它坐落在河北省易县的太行山紫荆岭上，这座山岭上种了较多的紫荆树，紫荆关因此而得名。它是著名的九大关之一，又称作九门九关。早在汉代开始，紫荆关就存在了，不过当时名叫五原关。后也被称作子庄关、金陂关，但“紫荆关”这个名字一直为后世所流传。

随着金王朝建立，北方的游牧民族也逐渐壮大，他们试图通过紫荆关攻下北京，但没有成功。12世纪初，女真族建都北京。公元1209年，蒙古军攻金，因金死守居庸关而不得入，蒙古军于是南下取紫荆关，然后向北反攻，方才破居庸关。由此可见，紫荆关、居庸关唇齿相依，对北京具有同等的重要性，统管天下的掌权者都意识到了这两个关口的防护作用。

明代时期，蒙古族对关内虎视眈眈，而紫荆关却又不再牢固，所以当时明朝皇帝下令拆掉旧关城，重新铸造一座坚固的城池，不管是从外形还是从构造上来看，都已经达到了军事堡垒的效果。关门有四座，南北两座是交通要道。北门额题“紫荆关”“河山带砺”，南门额题“紫塞金城”。关城的南、西、东三侧墙外有墙，北墙濒临拒马河。在拒马河北的三里堡还建有增强防御用的城堡。今城门和三里堡城堡尚存，关城仅留遗迹。

紫荆关战略地位重要，因为它所在的位置险要而有控制力。紫荆关东面便是易县和河北平原，可以说紫荆关是一条连接河北、山西同北方边境的纽带。紫荆关周围崖壁矗立，状如列屏；拒马河环流于北面和东北面，河谷深狭，关城依山傍水，踞高控险，易守难攻。蒙古骑兵非常凶猛，经常沿着大同一线来到紫荆关，试图突破这道防线。一旦突破了这条防线，北京将危在旦夕。明王朝重视紫荆关的军务，还专门设置了巡关御史，专门管理紫荆关与居庸关。

公元1449年，北京城再次遭到威胁，蒙古瓦剌部准备对明朝发动战争。他们兵分几路，先是把目标瞄准了紫荆关，同时还以大同为目标，多地同时骚扰关内。明英宗听信宦官王振之言，匆忙率50万大军出居庸关亲征，在土木堡（今河北怀来东）被也先兵所俘。也先是如何进紫荆关的呢？据史书记载，也先不是凭兵力，乃是靠行诈得逞的。

相传明朝的太监心生叛变之意，向敌人献计。他告诉对方紫荆关兵力虚空，可假借奉明英宗还京之名，叩关直逼北京。听闻此话，也先就按照这个太监的计谋，轻松入关。此时国情危急，幸亏当时明朝大将于谦率领士兵抵抗，终于把也先赶走。除了也先的进犯，蒙古鞑靼部俺答又率骑兵从大同南下，急攻紫荆关，被明朝军队打败。

紫荆关见证了古代朝代的兴衰和战事，在它旁边还有一座狼牙山，在这里发生过一段感人的“狼牙山五壮士”的故事。五位战士为了掩护八路军主力部队转移，坚持战斗到剩下最后一颗子弹，最终他们英勇不屈，跳下悬崖自尽（后知三人壮烈牺牲，两人负重伤脱险）。山上有一座“狼牙山烈士塔”，建于1942年，后被日本侵略者所毁，又于1958年重建。塔上金光闪闪的题词记载着壮士与日月同辉的英雄事迹，将永远流传下去，让后辈知道他们的故事。

倒马关

倒马关在“内三关”的最南面，位于河北省唐河县的西北方向，建在一片谷地的山坡上。为什么会叫它倒马关呢？从字面意思上解释，这个地方十分险要，以至于马来到这里都会跌倒。倒马关原本有两座城，北面的称为上城，而南面的则称作下城。两座城之间相距并不远，四里路而已，但是山路崎岖难走。主城就在谷旁，北边邻着长城，靠山建造，地势险要。从山麓到关城有十八盘险路，易守难攻。看来，这又是一个军事上不可或缺的安全保障。

北魏时期，倒马关旁开辟了一条道路，人称“灵丘直道”。“灵丘直道”南起冀中平原西部的望都，中经灵丘，北抵大同（当时北魏都城）。其中由望都至灵丘一段，大致就沿唐河谷地而行。这条道的建成加强了后来北方边郡与河北内地的联系，大大便利了该地区南北之间的交通。倒马关控扼此道咽喉，地位自然重要。陡峭的山势，再加上核心交通地位，皇帝们都会派重兵驻守在这里。

作为京城西部的安全防护线，倒马关也见证了很多次激烈的战争，这跟它的位置和地位分不开。北魏时期，定州城（今河北定县）为地方武装杜洛周所包围，刺史杨津向北方新兴起的柔然求救。当柔然兵前锋到达广昌（今河北涞源）时，杜洛周的部队堵塞了倒马关以北的灵丘道隘口，挡住了柔然兵前进的道路。柔然兵无法南下，只得回军。这一次，倒马关见证了一场即将爆发的恶战，却因为其特殊的交通位置，只能算是有惊无险。

公元1220年，蒙古军试图通过倒马关前往满城，但是在路上遇到了金国士兵。两方大战，蒙古军大胜，继而来到了倒马关。金国失去了倒马关，就失去了河北平原。恐惧感过于强烈的金军将领，原本驻扎在镇定城，但他未经战争就投降了。

相传宋代名将杨延昭杨六郎曾在倒马关西部的马圈山上驻守，后人为纪念他的民族气概，特意建了一个“六郎碑”，以供人们瞻仰悼念。

外三关

雁门关

外三关指的是雁门关、宁武关和偏头关。其中雁门关位处山西省代县北部，在古代是战争爆发较多的地区。“雁门”名称的由来，据明《永乐大典·太原志》称：“代山（雁门山）高峻，鸟飞不越，中有一缺，其形如门，鸿雁往来……因以名焉。”大约在汉武帝初年已置关，以防匈奴，至北魏建都平城（今山西大同）时重新建关，就称雁门关。东边连着紫荆关，西边则是偏头关，南北分别是大同和太原。古语云：“咽喉全晋，势控中原。”雁门关一旦失守，山西、北京和河北都会面临危险。

从战国开始，汉、晋、唐、宋、明各个朝代都格外重视雁门关的存在，派兵把手，修筑城防，防止外患来袭。及至明朝年间，雁门关已经不再有防护作用。明朝投入人力、物力进行重筑，在旧址上重建关城，并筑“内长城”与其西面的宁武、偏头两关相连，总称“晋北三关”，亦称“外三关”。这样一来，西北蒙古势力来袭也不怕，雁门关会发挥御敌作用。

“三关冲要无双地，九塞尊崇第一关。”雁门关位于雁门山，共有三座关门，在北门的匾额上刻有“雁门关”三个字。城周长1千米余，墙高二丈（合今4米余），石座砖身，形势雄固，看起来颇有气势。但是现在却已经所剩不全，看上去也没有了往日的光彩。

雁门关是“外三观”中最大的一关，关外面有3道大石墙，还有25道小石墙、18个隘口。它盘踞在山中，附近峭壑峰峦错耸，谷中有路，盘旋幽曲，穿关城而过，异常险要，是历朝历代都重点防守的地方。山外同样有防御设施，就在紫荆关下的雁门山北麓。那里在辽金时期修建了一座广武城，南北有500米长，东西有300米长，至今人们仍然能够看到其保存完好的城墙。在修建紫荆关城的时候，又在旧有广武城的附近兴建了一座新的广武城。新广武城就在雁门关北口，有一半的城池就坐落在半山腰上，而另一半修建在了山前的洪积扇上，相比旧城防御效果更佳。这种建筑设计明显更加严实，几乎密不透风，成了力量的象征。

雁门山山势陡峻难以攀爬，雁门关就横亘在山南和山北之间，历代中原王朝都将自己的势力控制在山南地区，而山北地区则被北方各游牧民族轮流占据。雁门关是通达南北的必经之路，通过雁门关一直南下可以抵达太原，甚至直达古代政治中心中原和关中地区，而向北则能直接通到蒙古高原，战略地位十分重要。这里是边防险境，也守护着一方的岁月静好。它是古时塞外北方民族入侵内地的渠道，所以这里是著名的古战场。从匈奴到契丹再到蒙古族，都跟汉王朝在这里经历过残酷的战争。

战国后期，战国大将李牧驻守雁门关，就是为了防御强大的匈奴族。曾有一次，匈奴率领10万骑兵来攻打雁门关，都没有取得胜利，李牧正是因为利用有利的地形才打败了匈奴。

西晋时期，北方的鲜卑族拓跋氏趁中原内乱，悄悄带领部队来到了雁门关。因为雁门山处于拓跋与西晋的分界线，所以这里屡次发生冲突。

隋大业十一年（615），隋炀帝来到雁门关视察，没想到突然被北部的突厥族包围，人数多达数十万。好在民部尚书樊子盖设计送出诏书，募兵来救，皇帝才能脱险。

“全师出雁塞，百战运龙韬。”“度沙风破肉，攻垒雪平壕。”这是陆游对雁门山一带战事的概括，读来令人动容。雁门关内就是宋朝，雁门关北是辽国。辽国与宋朝之间的每次战争都绕不过雁门山，无数宋、辽名将都在这里抛头颅、洒热血，留下了自己的故事。其中最有名的要数杨家将了，杨业及其后人与辽国交战的故事就发生在雁门关内外。事关两国生死存亡，双方都不遗余力。即便是在今天看来，宋、辽战争的残酷程度仍然是令人震惊的。

发生在雁门关的战事颇多，甚至富有传奇性质。如今这座雄关已经成了旅游区，还是便捷的交通要道。这些综合价值的存在，时刻提醒我们和平和民族融合的来之不易。

偏头关

偏头关所在的偏关县，号称黄河入晋第一县。偏头关自古有“三关首镇，九寨屏藩”之称。“雄关鼎宁雁，山连紫塞长，地控黄河北，金城巩晋强”便是古人对偏头关的赞誉。早在五代北汉时置偏头寨，宋代继续置寨，元时升级为关，始称为偏头关。到了明代，战略地位更加重要，是明代“外三关”中最西面的一关，又有“外关”之称。

偏头关西濒偏关河，临黄河谷地，东倚芦芽山脉北端的黑驼山，关隘建于黑驼山的山坳内，方圆近3千米，四面环山，地势险要。关外有四道边墙：第一道称为大边，东起平鲁县崖头墩，西到黄河，长

150千米，在关外60千米处。这一道说是边墙，实际上只是一道木头篱笆，防卫功能很弱，更多的是警示意味。第二道边墙，东西走向，从老营鸦角墩开始，到黄河岸老牛湾结束，南边则一直到河曲县的石梯隘口。这道边墙由夯土建造，实际上是外长城的一部分。第三道边墙在关口东北方的15千米处，全长45千米，从老营堡到白道坡。第四道边墙在关南不远处，东西走向，从长林鹰窝山到校场。

如今这四道边墙仅余第四道的一小部分，在今天黄河岸边的桦林堡地段，由城砖砌成的30千米边墙，矗立在河岸之上，远远望去仍能感受到其雄伟壮观的气势。雁门关、宁武关的重要性毋庸置疑，但在明朝时期，偏头关因其特殊的地理位置成为重要性最高的关隘。而如今所能看到的城墙，也建于明代。明万历三年（1575），关城再经改筑而成为一座要隘。

明朝时期，偏头关北接蒙古高原，西隔黄河与鄂尔多斯高原相对，实际上已相当于北方边界，内外长城在关东老营堡处相接，共同防御边关之外的强敌蒙古。明朝初期，蒙古势力虽然被赶出了中原地区，但仍然不断骚扰明朝边境，还时常深入鄂尔多斯地区，在晋西北为祸百姓。而偏头关是蒙古骑兵屡次南下侵犯的必经之路，可谓首当其冲。《偏关志》称："宣大以蔽京师，偏头以蔽全晋。"这话一点不错。

明弘治年间，鞑靼部统一了整个蒙古，兵精粮足，想要恢复元朝时的荣光。南下进犯成了一件时常发生的事情。明嘉靖年间，俺答汗数次入侵偏头关。明隆庆时期，蒙古大军从偏头关西北方攻入晋中地区，大肆劫掠，无恶不作。在这样的形势下，偏头关对于明朝边疆的稳定意义越来越重大，战略地位直线上升。

如今，偏头关所在的偏关县仍然是连通内蒙古自治区呼和浩特市和山西省太原市的交通要道。登上古偏头关，东望黑驼山，西望黄河，长城与边墙倚关蜿蜒，诚然是一险地雄关，景色壮丽，令人神往不已。

宁武关

公元1644年，对于大明王朝来说，这是一个特殊的年份——崇祯十七年。这一年的正月初八，农民军起义领袖李自成在西安誓师北上，大军浩浩荡荡，号称步兵40万、骑兵60万。李自成率百万大军渡过黄河，穿过山西，一路几乎没有遇到什么阻碍就攻占了太原城。随后，起义军攻占了雁门关，并且准备进攻大同。就在这个时候，宁武关挡在了起义军前面，这里被明朝军队当成了一道最坚固的防线。此时，一路上所向披靡的李自成并没有把这个小小的关隘放在心上，更不会想到在两三日后，就会碰到起兵以来最为顽强的抵抗，并且付出伤亡7万余人的惨痛代价。

这就是宁武关，一个让历代史学家无法忽视的地方。

宁武关在明朝中期就开始建造了，是山西最著名的三关（偏头关、雁门关、宁武关）之一。宁武关处在三关的中间位置，连通大同、太原这两处要地，还能在关键时刻支援偏头关和雁门关，因此，其战略价值是不可估量的。早在战国时期，赵武灵王就在这里设置关隘抵抗匈奴。但是，直到明成化三年（1467）才正式改名为宁武关。因为其重要的战略地位，宁武关是三关当中历经战争最多的一关。北方的游牧民族想要进攻中原腹地，就必须经过这外三关。在这三关之中，偏头关有黄河这样的天然屏障，除了冬季，骑兵根本无法渡河；而雁门关则有山为天险，不适合匈奴和蒙古的骑兵进攻；宁武关虽然也依河而建，但恢河却不是黄河这样的天险，有些季节会断流，蒙古和匈奴士兵就可以沿河道直达宁武关下。据史料记载，当时恢河河谷宽敞平坦，可容“十骑并进”，正是这个原因，宁武关在历史上成了游牧民族和中原王朝交战的主要战场。北宋时，“杨家将”中的名将杨业于宋雍熙三年（986）在宁武之北的陈家谷口，与辽军作战无援被俘，绝食而亡，其子杨延玉亦战死，抒写了一首保家卫国的壮丽悲歌。

据史料记载，历史上选择宁武关为进犯通道的游牧民族有鲜卑、突厥、契丹、蒙古等，在大多数历史时期，宁武关的战争几乎连年不断，是外三关之中堪称“身经百战”的关口。

中原

中原，本义为“天下至中的原野”，自古以来又称为中土、中州、华夏，是指以洛阳至开封一带为中心的黄河中下游地区，这里是孕育华夏文明的摇篮，炎黄子孙就源于此。所以，逐鹿中原、问鼎天下中的中原和天下，说的就是黄河中下游地区。因为得天独厚的地理位置，中原可谓四通八达之地，为联系四方的枢纽。

不过，兵家有云：“据四角山川险固之地者易，而据中原四战者难。”也正是“中原”这个特殊的棋盘中心位置，使得中原地区有着异乎寻常的命运。正所谓“中原有事，必涉及四方；四方有事，必影响中原。中原安宁，四方才可安定；中原纷乱，则四方必致散裂”，因为中原处四方之中，可以合天下之全势，但是，一旦中原出现大的政治动荡，四面皆可受敌，所以中原地区总是首当其冲，成了一个动荡频发的地方。

在历史治乱、分合的交替变迁中，无数统治者都清楚地意识到：偏安一隅不是长久之计，不管国家多么强大，都不可能成为天下的霸主。从全局来看，中原是霸主必争之地，因为只有取得了中原才能够更好地控制四方，才能更好地安抚天下。中原地区四通八达，而只有取得中原地区才能够让自己的控制范围延伸到整个天下，所以，只有夺得了中原的人，才能够夺取天下。当然，机遇与危机总是同时存在，中原地区随着华夏民族的大融合以及中原文明的扩展而逐渐向外蔓延，扩大了以中原文化为核心的汉族和各民族之间的交流。

具体到区域性的地理形势来说，中原地区大体上又可以分为四个区域，分别是：西北三川河谷、西南南阳盆地、东南淮河上游、东北河内地区。它们分别凭借不同的地理条件，具备了不同的战略意义。

三川河谷的名字很好地描述了其地理状况，三面环山，一面是波涛汹涌的黄河，洛阳城即位于其中。这种得天独厚的地势使得洛阳城自古以来以易守难攻著称，而且因为有河流，就避免了闭塞不通的弊端。洛阳周围的众多关隘也是依三川河谷的山川险阻而立：西边的崤函地区有潼关保护，东边嵩山北麓与黄河之间的通道又有虎牢关作为阻隔，南边嵩山与熊耳山之间的伊河河谷有伊阙来防御，北边通道的黄河渡口处则有孟津这样的要地掌控，就连汝河河谷这样的险地都有广成关这样的关隘守护。有了如此严密的关隘把守，三川河谷为东西之间往来的重要通道可谓万无一失，而且其特殊的地理位置决定了它在东西关系中也具有重要的作用。历史上那些立都关中的朝代，几乎都是借三川河谷以衔接东西往来。

南阳与洛阳相似，也是一个盆地，不过与三川河谷有所区别的是，南阳一带的盆地门户众多，具有东西伸展、南北交汇的特点，所以，这一地区就是连通关中、汉中、湖北和中原的十字路口，进可攻四面，退亦可守四面。加上紧邻关中地区，使得南阳盆地成了战略家眼中十分抢手的地方。而从东西方向来看，无论是入攻关中，还是自关中东出，南阳盆地都是一片富有吸引力的地域。

再来看河南东南部。这一区域最大的特点就是河流众多，主要是淮河及其支流。中原腹地就是众多河流的发源地，汴河、涡河、颍河、汝河和淮河主干等主要河流在黄河与大别山之间呈扇形排列，最终都在下游地区汇入淮河。因此，淮河成为连通东南和中原地区的重要通路。每当中原地区与东南地区发生战争，这几条河流往往能够起到决定性作用。哪一方占领了这些河流，就能够控制交通，在运输兵员和物资上占据优势。从中原到江淮地区，从江淮地区到中原地带，都离不开这几条河流。从中原到江淮地区，可以从汴河、泗河南下；由涡、颍二水南下，可抵达涡口、颍口，略淮南方向。此外，这片地域的南边就是大别山，武胜、平靖、黄岘三关扼守关口，保证了中原南侧翼的安全。

河内地区指的是太行山与黄河之间的区域，北倚山，南阻河。山地关隘为往来通道，加上作为南北交通咽喉的黄河渡口，战略地位不可谓不重要。太行山绵延800里，来往通行仅有“太行八陉”。轵关是太行八陉中的第一陉，想要从山西西南抵达河内，必然要经过此处。太行第二陉，即秦汉时的太行道，上有天井关，关南即太行山之羊肠坂道，为山西上党与河内之间的咽喉。黄河孟津渡口也有着非凡的战略意义，从河内到洛阳，这是最佳的通道。河内地区的重要性也不言而喻，只要控制了河内地区，就等于扼住了从山西到河南、从关中到河北的咽喉要道。从战略价值的角度来说，河内地区同时具备关隘、通道、基地这三重意义，自古以来都是兵家必争之地。

西安

西安，在《史记》中被誉为“金城千里，天府之国”，古称“长安”“京兆”，是举世闻名的世界四大古都之一，有着“天然历史博物馆”的美誉。长安为中国四大古都之首，同时也是与雅典、罗马、开罗齐名的世界四大古都之一。著名的丝绸之路在西汉时期就是以长安为起点。

根据考古发现和文献记载，早在远古时期，人类就在西安附近繁衍生息。距今约70万年前到115万年前的蓝田猿人，就是在西安蓝田发现的。新石器时代的半坡文化遗址，也是在西安东郊发掘出来的，距今已有5000多年。除此之外，西安还有西周都城遗址、汉长安城遗址、古西安城墙、大雁塔、小雁塔、西安碑林、秦始皇陵等名胜古迹。

西安地区地理条件得天独厚。从地势上来看，秦岭、陇山、黄土高原和黄河天堑在关中平原的四周，形成了天然的地形屏障。因此，关中地区自古有“金城千里”“四塞以为固”的山河形胜之地。南有武关（今陕西丹凤），西有散关（今陕西宝鸡），北有萧关（今甘肃固原），东有函谷关（初始在河南灵宝，两汉时又先后移至河南新安和陕西潼关），故称关中。此外，“八百里秦川”，西安居于其中。正是因为关中地区自身优越的地理位置和它无与伦比的军事、经济条件，许多统治者均定都于此，在中国历史上，有“关中自古帝王州”之说，也是历史上第一座被称为“京”的都城。

根据文献记载，最早在西安地区建立都城的是西周的丰、镐两京。周初是在关中西部，经过几次迁徙，逐渐向东发展，到文王、武王时期才定都于丰、镐两京。战国时期，秦国在渭河兴起，逐步定都咸阳。刘邦夺取政权后，在秦朝兴乐宫的基础上建长安城，并定都于此，建立西汉王朝。

历史的车轮来到公元581年，经历三国两晋南北朝数百年的分裂之后，隋文帝杨坚篡夺了北周的政权，重新统一中国，并定都长安。至此，长安重新成为中国大一统王朝的都城。隋文帝将重修长安城的重任交给了宇文恺。宇文恺将都城规划得十分整齐，分为外郭城、宫城和皇城三部分，工程于公元583年完工，命名为大兴城。

到了唐朝，统治者对长安城进行了大规模的扩建，使长安城的布局更加完美。唐长安城大体位于现在的西安市城区、东郊、西郊的小部分以及南郊的较大部分，面积达83.1平方千米，是现在西安城墙内面积的10倍，在当时是世界上面积最大的都城。唐时的长安城，设计之精美、规模之宏大、建筑技术之精巧在中国历史上是前所未有的，在城市建筑史上写下了光辉的一页。直到今天，人们还能在西安城内领略盛唐长安的绝代风华。

▲ 西安钟楼

洛阳

在中国，“洛阳”这个名字可以说是自带光环的，“九朝古都、八代陪都”的称号充满了历史积淀的厚重感。作为中华民族的主要发源地之一，在2000多年的中国封建王朝历史中，洛阳为我国的文明发展贡献出了许多的创造，比如“四大发明”中的指南针、造纸术、印刷术均诞生于此。从文化角度来说，洛阳是道学的发祥地，儒学和佛学的兴起也与洛阳息息相关。因此，洛阳是我国历史上最重要的几座城市之一。

根据最近20年来考古发现和史学研究成果，远在五六十万年前的旧石器时代，已有先民在洛阳繁衍生息。早在夏王朝统治时期，就有太康、孔甲、帝皋和夏桀四个帝王在洛阳建都，传说中的禹划九州时就已经提到了洛阳，当时的河洛属古豫州。商朝取代夏朝以后，就把都城建在了洛阳；到了周朝，周公主政，再次将都城迁到了洛阳。

在中国现存的众多古都中，洛阳是被许多王朝作为都城的城市，也是中国历史上较早形成城市的地方。在中国的封建王朝时期，东周、东汉、曹魏、西晋、北魏、隋、唐（含武周）、后梁、后唐诸朝都选择定都于洛阳，五代的后晋也曾以洛阳为都三年。这样算起来，洛阳其实做过13个王朝的国都，作为国都存在的年份至少超过1100年，远超其他城市。

那么，为什么洛阳受到历朝历代皇帝的青睐呢？这要归功于洛阳优越的地理位置。洛阳处于黄河流域的中部，北倚邙山，是一个小型盆地，黄河及太行山构成了它的北部屏障；南部是今天的嵩县，境内的崇山峻岭极其险峻；西南部今卢氏县境内有熊耳山，东南部今登封市境内有嵩山和当今少林寺所在的太室山以及少室山。洛阳在军事上也有着非常重要的意义，是一座易守难攻的雄城。在洛阳西部有函谷、崤底两座关隘，在东部有虎牢、成皋两关，东西两侧形成了密不透风的防御工事，保证了洛阳的安全。而从战略价值上来说，洛阳同样有着得天独厚的地位。洛阳自古号称“天下之中”，北可通幽燕，南可达汉江，西边牢牢控制住了关中地区，东边则直达黄河下游。在古代，“中国”这个概念还不像现在这样庞大，所指的就是以洛阳为中心的地区。因此，古代的洛阳确有居中御外之便。

我们知道，古代中国的地理格局曾呈现“棋盘”状，如果说中

▲ 洛阳白马寺

原是其腹地的话，那么，洛阳则是这个围棋盘上的天元，坐镇中央，却能够震慑四方。从洛阳城往外看，成皋、崤函、孟津、龙门等战略要地组成了第一个战略圈。继续往外看，则是由西南南阳盆地、东南淮河上游、东北河内地区再加上三川河谷西北崤函之险组成的第二道战略圈。当然，如果将视线放大到整个“棋盘”，前边所说的两道战略圈则又变成了通往更大战略圈的通道和关隘，比如关中、河北、东南及荆襄等大的战略要地，也可以依托洛阳城去辐射和管理。

▲ 天堂

从军事地形的角度而言，一个地区的攻守形势，很大程度上取决于位置和地理形势，而洛阳这种易守难攻、层层辐射的地理位置，决定了它在古代帝王战略谋划中的重要地位。因为当时中国的政治和经济重心俱在黄河中游和下游地区，所以攻取洛阳、进取中原可以说是一种由外向内的层层递进，防守中原则是一种以洛阳为中心、由内向外的层层辐射。

然而自宋代起，由于北方战火不断，士民南迁，经济中心已经趋向江淮一带，幽云十六州被石敬瑭献给契丹，西北地区又被契丹蚕食，北方的战略空间遭到了严重的挤压，洛阳原本的战略优势丧失殆尽，而其原有的劣势却依然如故。加上明朝之后中国的政治和军事重心移至北方，洛阳作为国都的优势不复存在，便不可遏制地走向了衰落。

洛阳从文化、政治、军事中心逐渐成为纯粹的军事中心，在宋、金时期洛阳还是陪都，而到了元、明、清时期就仅仅是河南府管辖范围内的一座普通城市了。北宋大政治家、大史学家司马光曾经为洛阳写诗一首："烟愁雨啸黍华生，宫阙簪裳旧帝京。若问古今兴废事，请君只看洛阳城。"寥寥几句，道尽了这座历经沧桑的千年帝都之过往，堪称中国历史的一段缩影。如今，洛阳又因为牡丹而闻名天下，有着"千年帝都，牡丹花城"的美誉，值得每一个热爱中国历史与文化的人去看一看。

第六辑

古老的游牧民族

匈奴

匈奴是我国古代北方一个强大的游牧民族，活动范围在今天内蒙古阴山山麓、蒙古高原一带，兴盛于秦末、两汉、曹魏、两晋南北朝时期。在我国历史上，人们称它为胡或大胡。

匈奴最早兴起于战国时代，两汉时期最为强盛，对中原地区造成巨大威胁。它有自己的语言，但是没有文字，以畜牧业为主，逐草原肥沃的河水而居。匈奴人粗壮强悍，从小就学习骑马打猎，擅长骑射，所以匈奴骑兵所向披靡，几乎无人能敌。匈奴人平时生产、战时上阵杀敌，人人都能弯弓骑马，个个都是勇猛的战士。匈奴部落的生活非常原始，不得与外族通婚，允许一夫多妻，夫丧之后，子娶后母，弟纳寡嫂，以便保证匈奴人的血统，但是匈奴各部之间可以通婚。

战国时期，匈奴与秦、赵、燕三国交界，经常入侵三国边境，掳掠财物和百姓。由于当时中原诸侯割据、忙于混战争霸，根本没有精力和实力反击，于是便在北部边境修建长城，以抵挡匈奴的进攻。后来秦始皇统一全国，把三国长城连接起来，加固加长，在一定程度上起到了不错的防御作用。

西汉初年，匈奴征服草原上的各游牧民族，势力达到极盛，人口达到100万，精兵达到30余万。匈奴的最高首领为单于，匈奴语为“撑犁孤涂单于”，相当于汉语的“天子”。匈奴单于掌控军政以及对外一切大权，下面设置左右贤王、左右谷蠡王、左右大都尉、左右大当户、左右骨都侯，实行世袭制。单于由左右骨都侯辅佐，而骨都侯则由贵族呼衍氏、兰氏和须卜氏担任。左右贤王是管理地方的最高掌长官，因为匈奴人尚左，左贤王的地位和权力比右贤王更高。也就是说，匈奴左贤王是一人之下、万人之上，仅次于单于。

匈奴人崇尚勇力，在战斗中若是能斩敌首级，便会获得首领的赐酒，以及敌人的全部财物和奴隶。因此为了争夺荣誉和功劳，匈奴人作战非常勇猛，拼死搏杀。不仅如此，匈奴人还精于兵法，时常以诱敌之计迷惑敌人；擅长突袭，快速进攻，快速撤退；看准时机，有利即进，不利则退，来去自如、无影无踪。

秦末朝廷混乱、农民起义频发，秦朝无暇防御匈奴。匈奴便趁机南下，迅速夺取秦九原郡（今内蒙古包头及河套地区）。汉初，匈奴势力达到朝那（今甘肃平凉）、肤施（今陕西榆林），并且对中原地区虎视眈眈。

公元前200年，汉高祖刘邦亲率军队攻打匈奴，在白登山被冒顿单于围困，后侥幸得以逃脱。刘邦知道汉朝实力不足以灭匈奴，便采取和亲的政策与匈奴修好。汉朝不仅把公主嫁到匈奴，还每年送上大量的絮、缯、酒、米、食物等财物。之后，汉朝与匈奴互开关市，使得中原与匈奴之间的贸易迅速发展，交流日益频繁。可匈奴并没有遵守与汉朝的约定，多次进犯汉朝北方边境，掠夺财物、屠戮百姓。汉朝经济、军事都不强盛，只能消极防御，隐忍不发。

经过汉高祖、汉文帝、汉景帝三朝的休养生息，到汉武帝时期，汉朝的经济、军事得到空前发展，国力达到鼎盛。于是，汉武帝决定反击匈奴，于元光二年（前133）向匈奴大举进攻。通过两次决定性的战役，汉武帝大败匈奴，使单于及左贤王向北逃窜，浑邪王归顺，收复河西走廊一带。从此，匈奴只能在漠北一带活动，不敢南下，出现了“漠南无王庭”的情况。

公元前57年，匈奴发生内乱，势力逐渐衰落。后来，呼韩邪单于稽侯狦向汉朝称臣，匈奴成了汉朝的附属。汉朝对呼韩邪单于特别礼遇，位居诸侯王之上，同时，每年还会为匈奴提供大量物资。很长一段时间内，匈奴和汉朝结为一家，大开关市，边境太平，双方经济、文化得到大融合。

可是这种和平相处的局面却被王莽打破，王莽篡位之后开始对匈奴采取强硬态度，甚至多次侮辱匈奴单于，汉朝与匈奴之间的关系再度紧张，战争一触即发。直到东汉光武帝刘秀登基称帝，匈奴与汉朝的关系才得以缓和。光武帝继续与匈奴修好，公元48年，呼韩邪单于稽侯狦之孙率领匈奴南部八部之众归附汉朝，自立为呼韩邪单于。之后匈奴分裂为南北两部，南部成了汉朝附属，而北部继续在漠北活动。公元50年，汉朝在南匈奴设置匈奴中郎将，在五原西部塞设立单于庭帐，并且让匈奴入居西河郡美稷县（今内蒙古准格尔一带）。

之后，鲜卑族兴起并且日趋强大，北匈奴被鲜卑所灭。到了2世纪中叶，匈奴人逐渐消失在大漠南北，他们的后代与其他民族融合，并且逐渐被同化。匈奴作为曾经强盛一时的游牧民族，在中国历史上占据了非常重要的地位，只可惜，因为没有文字，匈奴并未在历史上留下文明的印记。大夏国的国都统万城是匈奴留下的唯一遗迹。

鲜卑

战国时期，东胡族是我国北方一个不大不小的部落。西汉初，东胡被匈奴打败，一支退到乌丸山（今内蒙古阿鲁科尔沁西北），形成乌桓族；另一支退到鲜卑山（今内蒙古洮儿河与西拉木伦河之间），形成鲜卑族。

乌桓以畜牧业为主，逐水草而居，汉武帝击败匈奴之后，乌桓内迁到上谷、渔阳、右北平、辽东等郡塞外。后汉朝在乌桓设立乌桓校尉，对其进行管理。在乌桓内迁之时，鲜卑也跟随内迁到乌桓故地饶乐水（今西拉木伦河）流域。

公元91年，汉朝和乌孙、丁零、乌桓、鲜卑等族击败北匈奴，导致北匈奴西迁，而鲜卑也趁机大面积西迁，占领匈奴故地，与故地10余万匈奴人共居，亦自号鲜卑。汉桓帝在位期间（147—167），鲜卑首领檀石槐统一鲜卑各部，在高柳北弹汗山建立王廷。檀石槐实施了政治、经济改革，任用汉人，制定法律，学习中原先进技术，使得鲜卑社会得以快速发展。之后，鲜卑先后击败扶余、乌孙、丁零，成为北方最为强大的民族。其间，鲜卑不断南下，骚扰汉朝边境，造成不小的威胁。檀石槐死后，鲜卑分裂，西部鲜卑叛离，漠南分裂为三个部分：一是步度根部，拥有数万民众，占领云中、雁门一带；二是轲比能部，占领代郡、上谷等地；三是一些小部落组成的集团，散布在辽西、右北平、渔阳塞外。这三部中轲比能部势力最强盛。之后，鲜卑和匈奴、丁零、乌桓、汉人等混血，形成了很多新的部落。

东晋与十六国时期，鲜卑中的慕容氏、宇文氏、段氏、乞伏氏和拓跋氏、秃发氏都曾强大，建立起雄踞一方的政治势力。慕容氏建立了前燕、后燕、西燕、南燕；乞伏氏建立了西秦；秃发氏建立南凉；拓跋氏则建立了代国，后统一北方建立北魏王朝，成为当时最强大的割据政权。后来，北魏分裂为东、西魏，鲜卑化的汉人高氏建立北齐，鲜卑宇文氏建立北周。当时北齐和北周都是比较强大的政权，尤其是北周还在之后统一北方。另外，慕容氏的吐谷浑自辽西迁至陇上，形成吐谷浑部，直到唐朝初期才被吐蕃灭掉。

东晋十六国以及南北朝时期，虽然割据势力繁多、征战不断，但是各民族实现了大融合，鲜卑族进一步被同化。尤其是北魏统一北方之后，孝文帝实行改革，促使鲜卑学习和吸收中原先进文化，大力提倡鲜卑人与汉人通婚。这一系列改革不仅促进北魏制度的完善，更使得鲜卑制度和中原的固有制度相结合，进一步促使中国社会政治、经济、文化的空前发展，对于后世具有很大的影响。之后，隋唐两朝便承袭了北魏均田制、北周府兵制。

隋朝统一全国之后，鲜卑族建立的各割据政权被灭掉，但是其后裔却对隋、唐两个朝代起到了至关重要的作用。据说隋朝的开创者杨坚、唐朝的开创者李渊都是鲜卑化的汉人，而其母、妻也是汉化的鲜卑贵族。在隋唐时代，很多达官贵族、名将勇士都出身于鲜卑，其中位居宰相的有20余人，而做到尚书、侍郎、地方都督的更是不胜枚举。

突厥

突厥是我国西北继匈奴、鲜卑、柔然之后又一个强大的游牧民族，先祖可追溯到纪元以前的丁零。公元540年左右，“突厥”这个词才出现。

这一时期，柔然进入西域高昌一带，突厥首领阿史那氏的部落迁徙到金山南麓（今阿尔泰山），突厥人成为柔然的铁奴，并且开始以突厥为名。当时，天山一带的炼铁业已经形成规模，人们开采矿石、冶炼铁器，供西域36国的军事和农业使用。而迁徙到高昌附近的突厥人也掌握了冶炼技术，慢慢地变得强大起来。

公元552年，突厥人击败柔然，建立突厥奴隶制政权，即突厥汗国，占领东至辽海、西濒里海、北至北海（今贝加尔湖）、南临阿姆河的广阔区域。突厥汗国和中原王朝的联系非常密切，促进了突厥社会的快速发展。6世纪末，突厥汗国内部矛盾重重，导致突厥奴隶主统一政权土崩瓦解。公元582年，隋朝派大军进攻突厥，使得突厥彻底分裂成东、西突厥，东突厥以沙钵略、突利为首，西突厥以达头、阿波为首。

东突厥，又称北突厥，势力比较强盛。到了唐初，东突厥势力达到顶峰，拥有百万兵士，经常南下侵扰唐朝边境。同时，东突厥的吉利可汗残暴无比，严苛地剥削各族人民，激起各族人民的激烈反抗。公元630年，东突厥发生内乱，唐太宗李世民趁机出兵，消灭东突厥。李世民让突厥人内迁，在突厥故地设置定襄、云中等都督府，加紧对突厥的治理，并且任用突厥贵族为都督。同时，李世民还重用突厥人，很多突厥人成了为唐朝立下战功的将领。李世民采取宽松的民族政策，对于北部地区的经济发展和民族融合起到了很好的促进作用。

另一方面，隋末唐初，西突厥势力逐渐强大，从乌孙故地南迁，控制了中亚和新疆广大地区。西突厥奴隶主对西域百姓横征暴敛、百般压榨，掌控古丝绸之路。唐朝为了打通古丝绸之路，维护对西域各国的统治，多次出兵攻打西突厥。公元657年，唐朝灭掉西突厥，恢复与西域和西方各国的交往。西亚和欧洲各国纷纷来到唐朝，都城长安成了最为繁盛的国际化大都市，这一时期的交往不仅把东方文化传播到西方，还引进了西方文化和先进技术。

到8世纪，突厥已经基本衰亡，而10世纪之后几乎再也找不到突厥人的任何踪迹。直到近代西学东渐，人们才发现西亚一古老帝国似乎是古突厥后裔，它就是土耳其帝国。它在极盛时期曾地跨欧、亚、非三大洲，建都城于君士坦丁堡，掌控东、西方交通之要道，与罗马帝国相媲美。

直到这时，人们才意识到“突厥”这一古老民族并没有真正消失，也没有完全被同化，而是远走他乡建立起强大的国家，留下辉煌的文明。如此一来，很多人认为突厥不仅是中国古老的民族，更是世界性的古老民族。

通过研究，人们发现“土耳其”是“突厥”的另一种发音，西方学者从语言的角度着手，把凡是说突厥诸族语言的人都归为古突厥人的后裔。到了土耳其帝国时期，突厥历史完全被奥斯曼帝国的历史所遮盖。这使得土耳其人始终认为自己是奥斯曼人，而没有“土耳其人”的概念。

之后土耳其共和国建立，为了弘扬民族主义，提升国民的爱国情绪，土耳其人才开始研究前奥斯曼时代的历史和文化，并且以古突厥人的后裔自居。1952年，土耳其把土门可汗建立突厥汗国的时间作为开国的时间，并且举行隆重的仪式，纪念“突厥建国1400周年”。

如今突厥不是一个单一的民族，而是语言属于突厥语族的各个民族的统称，大多是历史上受突厥统治或突厥化的其他民族，以及古代突厥人的后裔，主要包括土耳其人、土库曼人、鞑靼人、阿尔泰人等。

契丹

契丹是我国古老的游牧民族，采取半农半牧的生活，曾经居住在外蒙古以及中国东北地区。契丹在中国历史上具有深远的影响，曾经在13世纪到15世纪称霸欧洲，以至于直到今天有些国家依旧用“契丹”来泛指中国北方，或是中国。

契丹原本是鲜卑的一支，大约4世纪中期从鲜卑分离出来，在潢水（今内蒙古赤峰境内的西拉木伦河）、土河（今内蒙古赤峰境内的老哈河）一带活动。直到唐朝初期，契丹才脱离原始部落形态，初步形成一个颇有规模的部落联盟。突厥强盛时期，契丹曾经依附在突厥汗国的统治之下，受尽突厥人的压榨和欺凌。

公元628年，唐朝逐渐强大，契丹部落联盟便叛离突厥，归附唐朝。在此期间，契丹臣服唐朝，向唐朝进贡，很多契丹人在唐朝为官。同时，突厥和唐朝之间的政治贸易往来频繁，加快了突厥的发展，促进了两个民族的融合。当然，突厥和唐朝之间也有冲突，强大后的突厥多次进犯唐朝边境，唐朝也多次出兵突厥。

公元907年，耶律阿保机成为契丹可汗，建立政权，成了北方最强大的力量。之后，阿保机创建契丹国，制定法律、改革习俗，创造契丹文化，使得契丹的政治经济得到充分发展。在耶律阿保机的管理下，契丹灭掉渤海国，占领我国东北地区，结束了东北地区分裂的局面。公元947年，耶律德光登基为大汗，改国号“大辽”，他主张学习汉人的官制、加强军队的管理和控制，同时重视农业的发展，大大地增强了辽国的国力。辽国逐渐成为我国北方的统一政权，强盛时控制东自大海、西至流沙、南越长城、北绝大漠的广大疆域。在辽国强盛时期，多次进犯中原王朝，严重威胁宋朝的边境。公元1125年，辽国被女真所创建的大金所灭，契丹逐渐被其他民族同化。

契丹从兴起到强盛再到衰败，始终和中原保持着密切的文化、经济来往，积极学习中原文化和制度，创造了具有自己特色的文化。契丹采取“因俗而治”的政策，“以国制治契丹，以汉制待汉人”；仿照汉族科举制度，选用人才、改革官制，并且制定成文法典；重视军队建设，规定全体男丁必须入兵籍；依据游牧民族的特色建五个都城，即上京、中京、东京、南京和西京，其中都城上京和陪都中京是北方草原最繁荣的城市。

契丹效仿汉字偏旁创造契丹文字，史称大字，后又仿回鹘文创制契丹小字，这标志着契丹文化有了突破性进步。契丹人还喜欢绘画，耶律倍是当时著名的画家，画马技艺精湛。契丹还学习中原佛教文化，广建佛寺和佛塔，使得佛教文化在契丹得以传播。蒙古草原东部的城市都留下大量珍贵的契丹族遗迹和遗物，它们见证了草原文明的繁荣，也给后世留下了珍贵的文化瑰宝。

契丹人祖祖辈辈生活在草原，擅长骑马射箭，骁勇善战，拥有大量精锐强悍的骑兵，因此屡次侵扰宋朝、西夏边境，所向无敌。契丹崇尚马，在契丹贵族的墓葬中，人们发掘大量殉马或马具随葬，同时还有很多打马球、赛马的壁画。

契丹融合了汉族和其他民族的文化，尤其受汉族文化影响最深。契丹人传统的服饰为长袍左衽、圆领窄袖，腰间有束带，穿长裤和长靴，并且把长裤束在长靴之内。这样的传统服饰有利于骑马作战，具有浓重的草原游牧民族特色。之后，契丹服饰吸取了汉族服饰的特点，融合了唐朝服饰的风格，色彩鲜艳。

比如，在内蒙古兴安盟发掘了大量契丹式服装，有些服饰图案具有明显的中原特色。再比如，在赤峰市阿鲁科尔沁旗宝山二号辽墓出土的《仕女出游图》，具有晚唐、五代宫廷绘画的风格，图中侍女衣着颇有唐朝侍女的风格。这些文物表明契丹深受中原文化影响，两个民族实现了大融合。

契丹首领信奉佛教，佛教在契丹盛行一时，到辽道宗时达到极盛。在辽国统治北方的100多年间，契丹皇族建造了大量佛教寺院、佛塔，设置大量的佛教法器。直到今天，内蒙古地区仍矗立着大量辽时代的佛塔，包括中京大明塔、上京南塔、庆州白塔、丰州万部华严经塔等。在庆州白塔内，保存着大量珍贵的佛教文物，包括释迦涅槃石雕像、万部华严经塔砖雕菩萨头像、白瓷迦叶像、阿难像，等等。

另外，契丹促进了中国与西方经济文化的交流。由于辽国东西疆域横长，在融合中原、西方文化的同时，也促进了东西方文化的融合和交流。它既保存了本族文化，又融合了其他民族文化，促使契丹文化达到繁荣。可以说，在北方活跃的少数民族中，契丹文明仅次于女真、蒙古文明，是保存完好的民族文明之一。

从女真到满洲

女真源于3000多年前的肃慎，汉朝至两晋时期称挹娄，南北朝时期称勿吉，隋唐时期称黑水靺鞨，而到了五代时期被契丹人称女直、女真。“女真”一词最早出现在唐初，后因为避讳辽兴宗耶律宗真名讳而改称女直。

女真是对中国历史影响最大的少数民族之一，与蒙古相当。它与蒙古一样，建立起强大统一的政权，入主中原数百年之久，是中国历史上第二个建立统一王朝的少数民族。

唐朝时期，黑水靺鞨建立渤海郡国，生活在黑龙江、长白山一带，后被辽国所灭，臣服于辽国。契丹对女真实行分而治之的政策，把强宗大姓迁往辽东半岛，编入契丹国，这部分人被称为熟女真；另一部分留在粟末水（今松花江北段）之北、宁江州（今吉林扶余）之东，这部分人被称生女真。熟女真以曷苏馆女真为主，接受辽国的管理，首领被封辽官职；生女真不属辽直接管辖，人口不入辽户籍，但是需要向辽国纳贡。

按照分布地域的不同，女真还分南女真、北女真、黄龙府女真、顺化国女真、长白山女真、濒海女真、乙典女真、奥衍女真等，各部独立、互不统属。虽然如此，女真的语言是统一的，习俗相近，地域相邻，以畜牧、打鱼为主，同时从事农业生产。但是，由于地域不同，在渔猎和农业方面各部侧重不同，导致各部社会和经济发展的程度各有不同。

在生女真中，完颜部逐渐强大起来，宋朝时期逐渐掌握了农业和冶铁技术，社会结构完善、阶级分化明显。公元1113年，完颜部首领完颜阿骨打统一女真各部，两年后建立金朝，国号为大金。之后，金朝开始进行改革，接触汉族儒学，大力发展社会生产力，国力逐渐强盛。

公元1125年，大金灭掉辽，成为北方又一个强大的统一政权。在这个过程中，完颜部采用辽宋官制，在地方实行州县制和猛安谋克制（女真族在氏族社会末期的部落联盟组织）并行的制度；创造女真文字，规定汉字与女真文字同为金朝通用文字；按照人口分派田地，鼓励百姓从事农业生产；加强手工业和商业的发展。经过一系列改革，女真社会有了很大的发展，实现了从奴隶制向封建制的转化。

公元1234年，金朝被蒙古灭掉，之后部分女真人迁入中原各地，与汉族充分融合。在元朝时期，留在东北地区的女真人慢慢分裂成很多部落，同时元朝在东北设辽阳行省，下设总管府、万户府来统一管理女真。在这段时期，东北边疆的女真又恢复到游牧的生活状态，多逐水草而居，以捕鱼或射猎为生。可以说，与大金时期相比，女真的社会形态、经济水平出现了倒退，比中原地区落后很多。

元末明初，中原政权更替、混乱不已，女真各部开始趁机向南迁徙，原本居住在牡丹江下游的各部迁到图们江、绥芬河等地，并且逐渐占领东濒日本海，西接兀良哈，南邻朝鲜，北至奴儿干、北海（今鄂霍茨克海）的广大区域。

到了明朝，女真被划分为建州女真、海西女真、野人女真。其中建州女真主要以斡朵里、胡里改部为主，居住在今天的牡丹江、绥芬河以及长白山一带；海西女真主要居住在海西（今松花江东）到黑龙江之间；而野人女真则是海西女真以北、以东及建州女真东北的各部的统称。

15世纪中期，建州女真几经迁徙，到明英宗正统时迁徙到浑河上游苏子河流域，并且逐渐定居，活动范围东北起图们江、西南到鸭绿江下游。而海西女真也逐步南迁到开原以北的广大区域，后分为扈伦四部，即叶赫、哈达、乌拉、辉发部。

女真势力的逐渐强大，使得明朝感受到巨大压力，于是加强对女真的控制和管理。明朝一边招抚女真，利用它牵制蒙古，一边采取“分而治之、分其枝离其势”的政策，使得女真各部“不相归一”。

明朝在女真设立羁縻卫所，封部落首领为都督、都指挥和千、百户长，使得各部分而治之，隶属于奴儿干都司；在开原设立安乐州、辽阳立自在州，安置女真人，并且使其与汉族同化；命女真各卫所进京朝贡，加强女真与明朝的贸易往来，但是厚往薄来；在开原、抚顺等地开设马市，以中原的农具、耕牛、粮食、布匹等物交换女真的马匹及土特产。公元1541年以后，女真各部相互仇杀、争雄争长，抢夺明朝敕书，陷入分裂混乱的状态。这给女真带来了深重的灾难，也使得统一成为人心所向。

公元1583年，建州女真的首领努尔哈赤开始建国称汗之路，经过30多年的战争终于统一女真各部，建立政权，国号仍为金，史称后金。公元1635年，皇太极废除女真称号，改为满洲，次年改国号大金为大清，从此满族代替女真成为这一部落的族名，女真各部落分别改为赫哲、鄂伦春、鄂温克等。就这样，“女真”一词在清朝初期逐渐消失。公元1911年，清朝灭亡，满洲作为族名改名为满族。

吐蕃

吐蕃是由古代藏族在青藏高原上建立起来的少数民族政权，延续200多年。吐蕃人以游牧为业，也从事农业生产，学习中原的手工业、纺织和冶铸业技术，并得到充分发展。吐蕃王朝最为杰出的首领是松赞干布，在他的治理下，青藏高原逐渐形成一股强大的势力，也使得古代藏族走向繁荣。

在唐朝之前，古代藏族处于原始社会状态，松赞干布的祖父、父亲将势力发展到拉萨河流域，并且逐渐建立起奴隶制部落。此时，吐蕃的奴隶制政权还很脆弱，首领朗日论赞只能对归顺的贵族采取笼络、封赏的措施，这引起了旧贵族的极大不满，纷纷公开叛乱。朗日论赞被叛乱的人毒死，这个时候，松赞干布凭借杰出的才能，联合叔父论科耳和宰相尚囊查出毒死父亲的主谋，将其满门抄斩，同时平定皇室内部的叛乱。

之后，松赞干布稳定吐蕃内部，组织训练了一支精锐军队，先后平定叛乱者，使得原来归顺的部落归入自己的统辖之下。公元663年，松赞干布迁都逻些（今西藏拉萨），正式建立吐蕃王朝。拉萨地势险要，土地肥美，松赞干布又依布达拉山势建造王宫——布达拉宫，居高临下，雄峙草原。接下来，松赞干布征服强大的苏毗、羊同等部，统一青藏高原。他创造了吐蕃文字，即今天的藏文，制定官制、兵制和法律，使得吐蕃王朝成为一个强大繁荣的统一奴隶制政权。在松赞干布的管理下，西藏地区得到很好的发展，百姓生活有很大改善。

之后，松赞干布和唐朝建立了良好的关系，公元634年，他派使者来到长安。之后唐朝很快派使者到拉萨，回访吐蕃。公元641年，松赞干布派大相（宰相）禄东赞为使官向唐朝求婚，唐太宗李世民把文成公主嫁给松赞干布，促进了吐蕃和唐朝的交流和来往。

松赞干布和文成公主对于汉、藏两族的交流和友谊起到了积极的促进作用，文成公主把中原的先进技术带到西藏，促进了西藏农业、手工业、冶炼的发展。在藏族，文成公主的地位非常高，受到吐蕃人的拥护和热爱。据说，当文成公主到达拉萨时，吐蕃人民万分欣喜，穿着盛装前来欢迎。之后吐蕃人为文成公主修建塑像，直到今天，布达拉宫和大昭寺内还供奉着松赞干布和文成公主的塑像，大昭寺前还保留着文成公主亲手所栽的唐柳。

唐中宗时，吐蕃首领尺带珠丹向唐求婚，唐朝又把金城公主嫁到吐蕃，进一步维护了吐蕃与唐朝的友谊，使得汉、藏之间的交流更密切。尺带珠丹上书说，吐蕃和唐朝已经“和同为一家”。公元821年，唐朝和吐蕃正式结盟，盛大的仪式同时在长安和逻些举行，并建立会盟碑，这块碑至今仍屹立在拉萨大昭寺前。

9世纪，吐蕃逐渐由盛转衰，不能再向外扩张。之后，吐蕃内部发生分裂和混战，紧接着一场奴隶大起义席卷吐蕃，吐蕃王朝分崩瓦解。之后，吐蕃分成两支：一支向南迁徙到大渡河流域，或向北迁往河西，主要是凉州一带；另一支归顺唐朝，被唐朝安置在吐蕃东部附近。

吐蕃王朝灭亡之后，宋朝到明朝初期中原仍称青藏高原及当地人民为“吐蕃”，之后“吐蕃”这个词就逐渐消失了。

第七辑

历史的神秘面纱

甲骨文

甲骨文是中国一种古老的文字，也是世界上最古老的文字之一。它是汉字的早期形式，是商朝时期一种成熟的文字，距今有3600多年的历史。因为它刻于龟甲和兽骨上，所以被称为甲骨文。目前，我国出土的甲骨文单字共有4500个，已经被识别出的有2000余字，它记载了商朝时期的政治、经济、文化的基本情况，让人们对当时的中国社会有了初步了解。

最早发现甲骨文的是清朝著名古文字学家王懿荣。那么他是

▲ 甲骨文构字

如何发现甲骨文的呢？其实，这纯属偶然。王懿荣是学识渊博的学者，酷爱收藏古董，对于金石学很有研究。

▲ 甲骨文

1899年，王懿荣身患疟疾，病得很严重，四处寻求名医。后来，一位医生开出一味名为“龙骨”的药，王懿荣派人到菜市口的鹤年堂药铺抓药。无意间，在一块“龙骨”上发现一些有规律的划痕，好像是人为刻上去的。经过研究，他推测这些划痕可能是一种古文字，甚至比古篆文还早。

为了研究这些类似文字的划痕，王懿荣把鹤年堂的“龙骨”全部买回来。经过仔细察看、辨识，他判定这可能是古人在龟甲和兽骨上用火灼刻的古老文字。而这些甲骨是河南安阳县北小屯村的一位农民偶然发现的，当时农民正在耕地，发现这些甲片后把它们当作“龙骨”卖给药材收购商。小屯村所处安阳，是商朝后半期的都城所在，历史学家称安阳小屯为“殷墟”。

自从王懿荣证实这些甲骨是殷商时期的文物之后，很多古董商人、金石学家纷纷来此地搜寻、收购甲骨，导致“龙骨”价格飙升，是原本价格的百千倍。王懿荣高价从古董商人那里购买了1500多片甲骨。

1900年，八国联军攻入北京，王懿荣宁死不屈，携家人投井殉国。这些珍贵的甲骨转到刘鹗手中，刘鹗根据这些甲骨编著成《铁云藏龟》，这部书对于甲骨文研究具有非常重大的意义。

中华人民共和国成立前，大量甲骨被官僚、学者占为己有，后经战乱流失到日本、加拿大、英国、美国等国家。据不完全统计，流失到国外的甲骨就有22600多片，使我国珍贵的历史文化遗产受到重大损失。

自从甲骨文被发掘后，国内学者纷纷开始研究，并且取得了巨大的成就。1904年，孙诒让根据刘鹗的《铁云藏龟》写成《契文举例》，对甲骨文字和卜辞内容做了初步研究，开创了甲骨文研究的先河。

民国初年，罗振玉和王国维开始研究甲骨文，并且做出突出的贡献。1908年，罗振玉经多方探寻得知甲骨文出土地为安阳，断定小屯就是“武乙之墟”，以后又进一步推断是殷商“故墟”。之后，王国维进行了详细的考证，认为小屯就是盘庚迁都至商纣时的都城，这为甲骨文的进一步研究和殷商考古奠定了基础。

罗振玉积极搜罗甲骨，把重点放在文字考释上，认出很多甲骨文。王国维则把重心放在甲骨卜辞与文献典籍的互证上，详细地考证了商朝先王之名，证明《史记·殷本纪》是符合史实的，同时还纠正了其中个别错误。罗、王二人的研究取得了惊人的成就，为后世学者提供了有重大价值的资料，因此研究甲骨的学问也被称为“罗王之学”。

之后，郭沫若、董作宾也为甲骨文研究做出了突出的贡献。1928年，郭沫若在日本东京看到了罗振玉所著的《殷墟书契考释》，对甲骨文产生兴趣，开始研究。他几乎访遍了日本所有的甲骨收藏者，搜集了大量珍贵资料。随后，他先后完成了《甲骨文字研究》《卜辞通纂》等著作，研究成果超过前人，使得甲骨文研究走上巅峰时代。1959年8月，郭沫若来到安阳殷墟，之后担任大型甲骨文汇编《甲骨文合集》的主编，促进了甲骨文研究的进一步发展。

同样，董作宾也是从1928年开始研究甲骨文的，他作为中央研究院历史语言研究所的通讯员来到安阳，对殷墟、商朝遗迹进行调查。在蔡元培的支持下，他开始对殷墟进行发掘，而这也是中国文物考古史上第一次对殷墟进行科学发掘。通过多次发掘和研究，他发表了《甲骨文断代研究例》，这是学术界公认的中国甲骨文研究史上具有划时代意义的著作。之后，董作宾创立了甲骨断代学说，并且对甲骨文进行描摹，他的甲骨文书法闻名世界，被许多收藏家收藏。

可以说，对甲骨文研究有突出贡献的学者主要是郭沫若（字鼎堂）、董作宾（字彦堂）、罗振玉（字雪堂）和王国维（字观堂），因为他们的字里都有一个“堂”字，学术界便有了“甲骨四堂”之说，著名学者陈子展还写下“堂堂堂堂，郭董罗王”这样的名句。

三大兵马俑

兵马俑是古代墓葬雕塑的一个类别，就是以士兵、战马、战车的雕塑作为殉葬品。它以兵马雕塑代替人殉葬，是以俑代人殉葬的顶峰。

秦始皇兵马俑是1974年一个农民打井时偶然发现的，当时这个农民发现了几个破碎的与真人大小相似的陶俑，从而掀开了这支沉睡的、神秘军团的面纱。很快考古队员们来到这里，他们也没有想到这里沉睡着一支威风凛凛的秦朝军队，更没想到能打开一座人类艺术的神秘宝库。

考古队员开始对兵马俑坑勘探、发掘，一件件陶俑破土而出，原来这是一个大型的兵马俑坑，东西长230米，南北宽62米，里面有6000余件陶俑，这就是今天的一号坑。经过八年内的两次发掘，考古学家发掘了大量秦代的陶俑、陶马、木质战车、青铜兵器，以及门道、隔梁等遗迹遗物。一号坑面积达4000平方米，东端排列着全身穿着战袍的战士俑210人，其余每排68人，组成行军方阵，中间还排列着战车、步兵纵队。

随后考古队员还在一号坑的北侧发现了二号坑、三号坑以及未建成的四号坑，一号坑、二号坑、三号坑呈“品”字形排列。二号、三号俑坑在平面布局上和一号坑有着很大区别，埋葬陶俑类别、军阵布局上也独具风格。

三号坑的发掘工作是先进行的，1988年12月17日，考古队员经过九个多月的发掘，终于使得三号坑的全貌展现在人们眼前。三号坑在一号坑的西端北侧，整体呈“凹”字形，由南北厢房和车马房组成，共出土兵马俑68个。

与三号坑的发掘相比，二号坑的发掘更为艰难，因为它的平面呈曲尺状。它位于一号坑的东北侧，东西长96米，南北宽84米，总面积约为6000平方米。坑内军队布阵比一号坑更复杂，兵种更加齐全，是由车兵、步兵、弩兵、骑兵等兵种组成的四个方阵。这个重大发现不仅收获很多珍贵的文物，还有利于人们研究古代军队的详细情况，对于中国古代军事史的研究有很大影响。

秦始皇兵马俑规模宏大，共发现8000余件兵马俑雕塑，在人们眼前呈现了“被坚执锐，全副武装”的秦朝军队，让人们见识了秦军的

▲ 秦始皇兵马俑

▲ 西汉彩绘兵马俑

威风凛凛、气势磅礴。秦始皇兵马俑不仅场面宏大、气势逼人，更重要的是每一个兵俑都栩栩如生、形神兼具，就好像活生生的战士站立在人们面前；高大的战马威风凛凛，神态都被精细地刻画出来。比如，数千名战士陶俑神态各异。将军俑身材高大魁梧，头戴铁盔，身穿双重长襦，披着彩色的鱼鳞甲；长须飘飘，昂首挺胸，提剑而立，让人们见识到古代将领的气宇轩昂、豪气干云。军吏俑身穿长布襦，身披铠甲，手持兵器，神情严肃冷冽，目光炯炯有神，凸显了勇猛和阳刚之气。很多战士也是惟妙惟肖，有年轻的士兵面容稚嫩，还带着天真活泼的神气；有年老的士兵额头上的皱纹清晰可见，神情自然，凸显出老练；有的战士神采飞扬，有的战士满面愁云。

再比如，驾车和坐骑的陶马与真马相差无几，有的陶马肌肉丰满，鬃毛飞扬，眼睛好像铜铃一般圆睁着；有的战马举颈昂首，张口做嘶鸣状；还有的战马个头比较小，脖颈短、头部宽阔。

秦始皇兵马俑虽是我国规模最为宏大的兵马俑，却不是发现最早的。1965年8月，考古学家就在咸阳杨家湾汉长陵陪葬墓从葬坑发掘了3000个西汉彩绘兵马俑。这是我国发现的最早的大规模兵马俑群，共有骑兵俑583人、步兵俑1965人，还有一辆指挥车。骑兵有甲骑和轻骑两类，组成六个方队，甲骑的骑兵大多数身穿铠甲、手执戟，马匹非常高大，而轻骑手执弓弩、背负箭囊，马匹比较矮小。步兵也有多个兵种，包括队率、队史、千卒、戟矛手等，服装各异，组成七个方队。

1970年至1976年，考古学家在距陶俑坑70米处发现了一处墓地，推测是兵俑坑的墓主人。虽然考古学家没有发现墓主人的真实身份，但是从发掘的陶器、漆器等文物来看，此墓应为汉高祖长陵的陪葬墓。也就是说，这3000个兵马俑有可能是汉朝皇家护卫队。

这些彩绘兵马俑为珍贵的汉代出土文物，曾经赴西欧、北美、日本、新加坡等地展出，向世界展现了中国古代文明的辉煌。

除了秦始皇兵马俑、西汉彩绘兵马俑，考古学家还发现了危山兵马俑。2002年11月，章丘市圣井镇村民在半山腰挖树坑偶然发现了陶俑，这里距西汉济南王刘辟光墓只有几千米，周围还有多处汉朝墓葬，如黄土崖汉墓、洛庄汉墓和毕杨汉墓群。所以，陶俑一经发现就受到考古学家的重视，经过发掘之后，危山兵马俑重新出现在人们面前。

这座陪葬坑长9.7米、宽1.9米，发现大量陪葬品和陶俑，但是绝大部分陪葬品破损严重，陶俑也残缺不全。同时由于地表水侵蚀和破碎挤压，陶俑上的彩绘已经脱落或失去原色。从陪葬品的规格和数量来看，危山兵马俑的墓主可能是汉朝时期的王侯将相，身份非常显贵。

危山兵马俑是山东地区首次发现的规模最大的俑坑，是汉代考古的重要发现。目前，发掘工作还在进行，考古学家们仍在探寻墓主的具体身份，试图揭开它神秘的面纱。

楼兰古国

“黄沙百战穿金甲，不破楼兰终不还。”王昌龄《从军行》中的“楼兰”是一个神秘而又古老的小国，处于西域古丝绸之路要道，今罗布泊西部。早在公元前176年，楼兰就已建国，是西域36国中的强国，与敦煌相邻，可是在公元630年左右，这一强大的古国却突然消失了，被掩埋于茫茫沙漠之中，为世人淡忘。

直到19世纪，欧洲陆续发现特洛伊古城、玛雅文明和克里特岛的迷宫，发现大量神秘的古城和珍贵文物，西方世界掀起了考古热，

▶ 楼兰故城遗址

一些冒险家便把目光放在具有悠久历史的中国。他们深信这个古老的文明之国、这片幅员辽阔的土地必定有无数的宝藏，有特洛伊古城那样的神秘城池尚未被发掘。

斯文·赫定是一位瑞典的探险家，对中华文明非常感兴趣。公元1901年，他根据中国和西方文献在罗布泊附近发现了一处废墟，之后立即雇用当地农民进行挖掘，发现了被黄沙掩盖2000年之久的楼兰古城遗址。之后，他发掘出大量的珍贵文物，包括大量汉五铢钱、精美的汉晋时期丝织物、玻璃器、兵器、铜铁工具、铜镜、装饰品、料珠、木雕艺术品等，仅汉晋木简、纸质文书就达270多件——这些文字资料具有非常高的研究价值，对于我们了解汉晋历史具有非常大的意义。

之后，一位英国的探险家斯坦因来到楼兰古城，发现大量珍贵文物，包括汉文文书349件和一件粟特文文书。还有日本探险家橘瑞超也来到这里，发现了44件汉文文书，其中最有价值、最著名的便是西域长史李柏写给焉耆王的信稿。

这一系列的重大发现，让消失已久的楼兰古国重新出现在人们面前，也让东方文化震惊整个世界。全世界掀起西域考古热，大量西方探险家来到这片土地寻宝，其中还包括俄国军官普尔热瓦尔斯基、科兹洛夫，瑞典的贝格曼，美国的亨廷顿，等等。这些探险者大肆发掘楼兰古城以及古城附近的古墓，把搜寻到的大量文物掠到国外，给中国文化造成了巨大损失。

由于当时清政府软弱无能，无暇顾及考古，中国学者只能看着大量文物被掠夺、破坏。后来在中国学术界的努力下，1927年中国学术团体协会与瑞典探险家斯文·赫定联合组成“中瑞西北科学考察团”，黄文弼、陈宗器作为成员参与考古发掘。黄文弼在楼兰城东北发现的遗址中发掘了西汉木简，具有非常高的研究价值；而陈宗器考察了敦煌到罗布泊的路线以及罗布淖尔湖的水文状况，为我们研究西域提供了科学依据。

其实，早在斯文·赫定发现楼兰古城之前，清朝政府就曾经发现古城遗址，并且标注了古城的具体位置。现在故宫博物院内收藏着一张地图，上面标明了玉门关通往罗布泊的路线，以及罗布泊西岸古城的位置。可惜的是，当时清政府面临内忧外患，根本无暇顾及这座古城，才使得这个发现被尘封起来，直到斯文·赫定发现了它。

那么楼兰古城为什么会消失呢？它曾经是丝绸之路的重要要塞，曾经是占据广大土地的强大王国，为什么会衰落呢？曾经的绿洲、繁荣城市，为什么会变成荒漠？自从楼兰古城重见天日那天起，人们就思考和研究这个问题，希望能找到答案。

20世纪80年代以来，很多中国学者陆续来到罗布泊，历经艰险、不顾环境恶劣、不顾条件的简陋，在荒野中考察研究，甚至有很多学者献出宝贵的生命，优秀科学家彭加木就是其中一员。他们的目的就是研究这里，探寻楼兰古国灭亡、消失的原因。

经过一番探索和研究，学者们认为楼兰古国的最后毁灭是人为造成的。楼兰曾经绿树成荫、草肥水美，可是这里的人民肆意地砍林伐木，破坏环境。到了楼兰鄯善王国时期，这里的环境破坏已经很严重，于是楼兰国王严禁百姓砍伐树木，出土的楼兰木简上有这样的文字——“绝不能砍伐小树”“严禁砍伐活树，砍伐者罚马一匹”。可是，为时已晚。楼兰曾经是丝绸之路上的重镇，也是中原进入西域的必经之处。然而到公元4世纪后，人们又开辟了一条新的路线，从敦煌到高昌再到西域。失去了交通要道的位置，楼兰开始慢慢衰落，再加上环境的恶劣，消亡就是早晚的事情。

虽然这个解释很合理，可是很多学者持有不同意见。直到今天，楼兰的消失仍然是一个未解之谜，还有很多问题需要探察和研究。同时，人们在黄沙之下还发现数十处古代遗址，经考察过的不过几处，神秘的楼兰还有很多谜等待着人们去发掘、发现。

敦煌莫高窟藏经洞

古丝绸之路从长安出发，一路向西，历经14000多里，直达西亚乃至西欧各国。千百年来，丝绸之路的兴起使得沿途商埠名城逐渐繁荣，为中国与西方经济贸易做出了不可磨灭的贡献。

在丝绸之路上有一军事贸易重镇，因为来往客商和政府驻军而辉煌了1000余年之久。之后，海运开通，古丝绸之路逐渐由繁盛走向没落，这一重镇也随之衰败，后被掩埋在黄沙之下。它就是敦煌。

说起敦煌，就不得不提莫高窟；而说起莫高窟，就不能不说藏经

▲ 莫高窟壁画

▲ 莫高窟雕像

洞。藏经洞的发现让人们开始关注敦煌文化，关注这一历史悠久的古城。它是清光绪二十六年（1900）被一位名为王圆箓的道士偶然发现的，里面珍藏着数以万计的经卷、手稿、文书、织绣等文物。这些珍贵的文物为人们研究中国古代地理、经济、政治、民族、宗教提供了数量极其大的珍贵资料。可以说，这就是一个聚宝洞！从此，敦煌震惊世界，备受世界各国关注。

其实，敦煌是宋朝时期开始衰败的，由于朝廷软弱无能，使得河西走廊陷入唐末以来的地方割据政权归义军的控制下，同时还受到回鹘和西域的伊斯兰教势力的威胁。公元1002年，归义军发生内乱，首领曹延禄与其弟曹延瑞战败被迫自杀，其族子曹宗寿被推举为首领，掌握归义军政权。之后，宋朝任命曹宗寿为归义军节度使，可是内乱使得归义军政权迅速衰落。其间，回鹘势力迅速发展壮大，成为能与归义军政权相抗衡的力量。归义军政权摇摇欲坠，随时有倾覆的危险，这使得依赖其庇护的佛教势力恐慌不已。

公元1006年，佛教王国于阗被信奉伊斯兰教的黑韩王朝灭掉，消息很快被从敦煌寺院东逃的于阗人得知，于是在佛教思想被严禁和西夏军队东进的影响下，莫高窟的一些寺院开始把一些重要的经卷和佛像、幡画藏在洞窟中（今莫高窟第17窟），并且将窟洞口封闭起来。

19世纪末，道士王圆箓来到敦煌，此时莫高窟已经变得非常荒凉，很多悬崖上的通道已经被战火摧毁，一些洞口已经崩塌，甚至有些底层的洞窟被黄沙掩埋。之后，王圆箓在莫高窟定居，这里的信徒变得越来越多，香火也越来越旺盛。王圆箓利用香火钱重修和改造莫高窟，而想要重新修缮莫高窟就必须先清除底层洞窟中的积沙。

1900年5月26日，王圆箓在清除第17窟底层的积沙时，发现里面有大量的文物。当时，人们没有认识到这些文物的价值，腐败的清政府也没有采取任何保护措施，结果导致藏经洞中的大批敦煌经书、佛像和文物被外国“探险队”掠走，现在分散于世界各地，而剩余部分被清政府收藏在京师图书馆。随着各国“掘宝”行动的展开，莫高窟的壁画和塑像遭到严重的破坏和掠夺。

1914年到1915年，俄国奥登堡率考察队来到敦煌，掠走了大批敦煌写本以及第263窟的多块壁画。1921年，数百名战败的白匪逃窜到莫高窟，大肆破坏莫高窟壁画，甚至在洞窟内点火做饭，使得大批壁画被烟火熏坏。1924年，美国探险者华尔纳来到莫高窟，不仅掠走大量彩塑，还盗剥了多块壁画。

敦煌文物的遗失和被破坏给中国文化造成了巨大的损失，但是客观上推动了东西方学者对它的研究。20世30年代，人们开始研究敦煌文化，从而促使敦煌学的兴起和发展。之后，中国的历史学、考古学和美术工作者纷纷来到敦煌考古、研究，敦煌莫高窟因而受到文化界、考古界，乃至政府的重视。

1944年，敦煌艺术研究所成立，主要负责保护洞窟，临摹、研究敦煌壁画；之后发展成为敦煌文物研究所、敦煌研究院。1986年12月，敦煌被列为历史文化名城，受到国家的重视和保护。1987年8月，敦煌莫高窟被联合国教科文组织列入《世界文化遗产名录》，受到世界的重视。

莫高窟藏经洞的发现，是我国考古历史上一次非常重要的发现，也使得敦煌文明震惊国内外。